大道碳中和

实现绿色低碳转型 贡献中国方案（产业篇）

本社·大道碳中和项目组 编

中国建材工业出版社

图书在版编目（CIP）数据

实现绿色低碳转型　贡献中国方案. 产业篇 / 本社，大道碳中和项目组编. -- 北京 ：中国建材工业出版社，2022.3

ISBN 978-7-5160-3479-8

Ⅰ.①实… Ⅱ.①本… Ⅲ.①绿色经济－低碳经济－经济发展－研究－中国 Ⅳ.①F124.5

中国版本图书馆CIP数据核字（2022）第029905号

实现绿色低碳转型　贡献中国方案（产业篇）

Shixian Lüse Ditan Zhuanxing Gongxian Zhongguo Fang'an

本社·大道碳中和项目组　编

出版发行：中国建材工业出版社

地　　址：北京市海淀区三里河路1号

邮　　编：100044

经　　销：全国各地新华书店

印　　刷：北京印刷集团有限责任公司

开　　本：710mm×1000mm　1/16

印　　张：16.5

字　　数：180千字

版　　次：2022年3月第1版

印　　次：2022年3月第1次

定　　价：78.00元

本社网址：www.jccbs.com，微信公众号：zgjcgycbs

请选用正版图书，采购、销售盗版图书属违法行为

本书如有印装质量问题，由我社市场营销部负责调换，联系电话：（010）88386906

“大道碳中和”融合发展项目
合作单位

中国建筑材料科学研究总院有限公司

中国水泥协会

中国建筑玻璃与工业玻璃协会

中国石材协会

中国砂石协会

中国循环经济协会

中国复合材料工业协会

中国绝热节能材料协会

中国合成树脂协会

中国城市轨道交通协会

中国砖瓦工业协会

中国建材机械工业协会

中国矿业大学（北京）混凝土与环境材料研究院

北京市建设监理协会

北京土木建筑学会

北京市建材计量协会

北京工程管理科学学会

北京国建联信认证中心有限公司

北京建知建筑技术研究院有限公司

出版者的话

习近平主席在第七十五届联合国大会一般性辩论上的讲话中指出，我国力争2030年前二氧化碳排放达到峰值，努力争取2060年前实现碳中和。随后，在党的十九届五中全会、中央经济工作会议、全国两会以及中央财经委员会第九次会议等一系列重要会议上党中央对碳达峰碳中和工作作出部署，明确基本思路和主要举措。

习近平总书记系列重要讲话和党中央决策部署为推动气候环境治理和可持续发展擘画宏伟蓝图、指明道路方向，彰显了我国坚持绿色低碳发展的战略定力和积极应对气候变化、推动构建人类命运共同体的大国担当。

“十四五”时期，我国生态文明建设进入以降碳为重点战略方向、推动减污降碳协同增效、促进经济社会发展全面绿色转型、实现生态环境质量改善由量变到质变的关键时期，也是碳达峰的窗口期。产业结构偏重、能源效率偏低是我国实现碳达峰、碳中和的难点所在。绿色低碳转型发展存在的障碍和瓶颈制约，关键是要科学合理地评估不同产业的发展实际和未来趋势，做好节能减碳共性关键技术研发、激活壮大节能减碳服务市场、加大政策协同支持，分领域、分行业推进节能减碳进程。在这一时期，就要处理好发展与减排、整体与局部、短期与中期长期的关系，要认真研究如何更好发挥科技在碳达峰碳中和进程中的战略支撑作用，强化绿色技术攻关和应用，促进“产学研金介”深度融合、协同高效发展。

扎实推进各领域低碳转型发展，不仅是我国实现“双碳”

计划愿景的重要组成部分，也是满足人们对于以高质量为本质的美好生活追求的必需。减碳降碳、碳达峰碳中和，是一个系统工程，也是一个需要久久为功的长期工程。

为实现国家“双碳”战略目标，更好助力经济社会发展建立在资源高效利用和绿色低碳发展的基础之上，积极回应社会关切，更好履行社会责任，我社特别策划“大道碳中和”融合发展项目，为行业创建一个新型的线上线下、纸媒网媒一体化的传播交流平台，同时构建一个新型的融媒体、融产业、融创新的三融生态。“大道碳中和”融合发展项目于2021年正式立项，我们立志用39年做好这一件事情，这39年是我们举国上下风雨兼程走在碳中和大道上的39年，也是我们作为专业出版机构服务国家战略、体现担当作为的39年。

《实现绿色低碳转型　贡献中国方案（产业篇）》是“大道碳中和”融合发展项目的重要出版物之一。我们邀请了材料能源、城乡建设、交通运输、循环经济等重点领域行业协会及研究机构，从各产业角度、层面撰写探讨实现“双碳”目标的方法和路径，同时对如何实现碳达峰碳中和进行预判分析和指引，以期有效助推各产业领域实现低碳转型高质量发展。

感谢各位领导、专家，各行业协会、研究机构对“大道碳中和”融合发展项目及本书的支持和贡献。让我们携起手来为实现我国的“双碳”目标、科技强国梦想和美好生活新需求，做出我们应有的贡献，凸显我们更大的社会责任。

本社大道碳中和项目组

2022年3月

目录

“双碳”引领开启建材行业高质量发展新征程

中国建筑材料联合会

实现碳达峰碳中和是以习近平同志为核心的党中央统筹国内国际两个大局作出的重大战略决策，如期实现碳达峰碳中和目标是一场广泛而深刻的经济社会系统性变革，对各行各业而言都是一场硬仗。

我国是世界最大的建筑材料生产国和消费国，建材行业也是我国能源消耗和碳排放的主要工业行业之一。采取切实有力措施，全力推进碳减排工作，提前实现碳达峰，为国家总体实现碳达峰预定目标和碳中和愿景作出积极贡献，是建材行业坚决贯彻落实党中央决策部署的重要举措，也是建材行业必须履行的社会责任和应尽的义务，更是全面提升建材行业绿色低碳高质量发展水平的必由之路。

一、建材工业对我国实现“3060 双碳目标”具有标志性作用

建材行业是国民经济重要的原材料及制品业，主要由建筑材料及制品、非金属矿物材料、无机非金属新材料、建材专用设备等领域产品组成，是国民经济发展的重要基础原材料产业，也是改善民生的基础制品和消费品产业，更是支撑国防等战略性新兴产业发展的重要产业。

建材行业是典型的资源、能源承载型行业，能源消耗总量和二氧化碳排放总量都位居我国工业部门前列，因此，建材行业实现碳达峰对我国如期实现碳达峰目标至关重要。经中国建筑材料联合会初步核

算，我国建材工业2020年二氧化碳排放为14.8亿吨，超过我国二氧化碳年排放总量的10%。此外，建材工业电力消耗可间接折算约合1.7亿吨二氧化碳当量。以煤炭为主的能源消耗结构和建材主要产品生产所必需的碳酸盐原料，是建材行业二氧化碳排放源。其中，燃料燃烧过程排放占全行业二氧化碳排放总量的39.2%；工业生产过程中碳酸盐原料分解排放占全行业二氧化碳排放总量的60.8%。

建材行业以其在我国碳排放占据主要份额、作为国民经济建设基础的原材料工业属性、特有的以生产过程排放和煤炭消耗为主的碳排放特征、碳排放行业内分布在各种窑炉生产等特点，对实现我国碳减排整体目标和传统工业转型发展都具有重要意义。同时，建材行业也对探索实践燃料燃烧、生产过程等不同排放源减排途径具有典型的示范作用。

二、明确建材行业碳达峰的关键环节

日前，中共中央、国务院印发《关于完整准确全面贯彻新发展理念做好碳达峰碳中和工作的意见》，国务院印发《2030年前碳达峰行动方案》，共同构成贯穿碳达峰碳中和两个阶段的顶层设计，为建材行业推动碳达峰碳中和工作指明了方向。实现建材行业碳达峰碳中和，是一项综合性、系统性、长期性工作，应从行业实际出发，抓住关键环节，科学有序开展行业“双碳”工作。

首先，应处理好行业发展与减碳的关系。

建材行业高耗能属性主要由产品性质和工艺特点决定。要从这一实际出发，形成正确的发展与减排的辩证逻辑遵循。我国是全球最大的建材生产国和消费国，具有较为完整的产业链及产品体系。建材产品作为国民经济建设不可替代的基础材料，在满足经济建设的同时在建筑、工业、新能源、新材料等领域的应用仍处于发展阶段，而我国作为全球建材消费市场主要供应方还具有较大潜力。建材行业的持续发展对我国经济社会建设、全球建材供应链稳定，以及“国内大循环、国内国际双循环”新发展格局的构建均具有重要意义。但也应深刻认识到，建材行业绿色低碳发展转型势在必行，以“双碳”为抓手，对建材行业产业结构优化、能源结构调整、工艺装备提升、科学技术进步均具有重要的促进作用。

从建材行业发展历史分析，发展与减排也并不矛盾。21 世纪以来，我国建材行业发展和成就有目共睹，产业规模数量增长明显，但同时 2020 年我国建材行业万元增加值二氧化碳排放量比 2005 年下降 73.8%，明显高于我国单位 GDP 二氧化碳排放量同期降幅，且能源结构明显改善，煤和煤制品在建材行业能源消费中的比重从 70% 降至 56%，天然气、余热余压利用在能源中的比重以及易燃的可再生能源和废弃物对燃料的替代比例都有明显提高。

推进“双碳”工作的同时仍要满足行业发展的需求，其根本目的在于推动建材全行业最终实现绿色低碳的安全高质量发展。因此，要妥善处理好行业发展与减碳的关系，统筹好行业内各产业间、上下游产业、国内外市场的关系，形成以终端市场为导向、协同联动的发展模式，最终实现行业增长与低碳发展的有序平衡。

第二，明确碳排放结构，聚焦重点领域。

从行业分布来看，水泥工业二氧化碳排放量为 12.3 亿吨，占建材行业碳排放总量的 84.3%，其中燃料燃烧排放占 75.5%，过程排放占 89.9%，是建材碳排放最大行业；石灰石膏工业二氧化碳排放量为 1.2 亿吨，占建材行业二氧化碳排放量的 7.9%，是建材第二大排放行业，其中主要以生产过程排放为主，排放量占建材行业二氧化碳过程排放的比重接近 10%；之后依次为建筑卫生陶瓷、建筑技术玻璃、水泥制品、墙体材料等行业。因此，建材行业燃料燃烧产生的二氧化碳排放主要集中在窑炉工业，过程排放则主要集中在水泥、石灰石膏工业。

当前建材行业能源消费主要以煤和煤制品、电力为主，占建材行业能耗比重分别为 56%、30%，此外依次为天然气、余热余压利用、石油制品、替代燃料。燃料燃烧过程产生的二氧化碳则主要来源于煤和煤制品、石油制品、天然气等化石燃料燃烧，其中煤和煤制品二氧化碳排放量占建材行业燃料燃烧排放量的 90%。因此，建材行业降低燃料燃烧过程的二氧化碳排放就必须优化能源结构，减少化石能源用量。

第三，建材行业应确定提前实现碳达峰的目标。

目前，建材行业仍以生产基础材料产品、中间产品为主，还未形成以终端市场需求为导向的产业发展模式，产业发展和转型的空间巨大。这意味着建材行业不能依赖于自然达峰，更不能在高碳锁定基础上运动式达峰，应从行业长远发展考虑，提前确定达峰工作目标，引导行业科学碳达峰。

近年来，我国建材行业规模化发展和工艺、技术、装备水平进步带动建材行业节能减排能力大幅提高，水泥、平板玻璃等重点排放行业单位产品能耗指标已经达到世界先进水平；水泥产量至今未能超过 2014 年 24.9 亿吨的历史最高点，建材产业结构不断优化，加工制品业产值占比超过全行业的 50%；全行业工业固体废弃物年综合利用量超过 15 亿吨，年余热发电量超过 400 亿千瓦时，成为工业领域最大的固废消纳产业和余热余压利用效率最高的行业之一。我国建材行业实现碳达峰的基础已经比较扎实，具备实现提前达峰的基础和条件。尤其鉴于水泥行业对建材行业实现碳达峰的关键作用和产业发展惯性，必须确保其2023年前率先达峰。

三、多措并举有序推动建材行业碳达峰碳中和

推进我国建材行业碳达峰，核心就是要控制近年来行业碳排放量的上升趋势，把握住工业生产过程二氧化碳排放为主的碳排放特征，针对水泥等碳排放主要行业有效施策，妥善处理好发展与减排的矛盾，充分发挥行业间耦合及结构调整的关键作用。从产业结构、能源结构、产品结构、上下游协同发展等多个维度共同推动行业发展变革，实现行业碳达峰，为碳中和做好准备，进而整体提升行业高质量发展水平。

（一）推动产业结构调整

一方面要加强总量控制。目前建材传统窑炉产业多数产能处于过剩状态，要加强总量控制，严格执行《产业结构调整目录》、产置换办法，引导低效产能有序退出。另一方面要切实提升能效水平。水泥、玻璃、建筑陶瓷、卫生陶瓷等四个行业应对标能耗标杆水平和基准水平，对标国内外先进企业，科学有序、合规合法加快技术改造，大力提升节能降耗水平，提升能源利用效率。同时，也可以通过加大矿山绿色化改造和废弃矿山复绿等方式，增强建材行业碳汇能力。

（二）加快用能结构调整

鉴于建材行业以煤炭为主的用能结构，要把不断挖掘节能减排潜力，不断提高资源能源利用效率和原燃材料替代率作为一项始终坚持的重要任务。加大煤炭的节约利用，积极探索实践清洁能源对煤炭的

替代应用，做到能“电尽电、能气尽气”。树立“化石能源能省尽省、绿色能源能用尽用”的能源消费新观念，充分发挥行业生产过程协同处置优势，充分利用余热余压、提高替代燃料比例、发展分布式发电等举措，努力提升企业能源“自给”能力，减少对化石能源及外部电力依赖，大力探索应用光伏发电、风能、地热等可再生能源，氢能等非化石能源替代技术，不断优化建筑材料行业能源消费结构。

（三）优化产品结构

推动建材产业向轻型化、终端化、制品化转型，推进建材产业链、价值链向高附加值、高质、高端迈进。注重充分发挥建材行业资源综合利用的优势，提升水泥、混凝土、墙体材料等产品固体废物替代一次原料。建立水泥产品使用说明书制度，实现水泥高效化、精细化运用，促进水泥减量化利用。加快发展新型低碳胶凝材料，研发固碳矿物材料和全固废免烧新型胶凝材料，形成低碳新产品体系。

（四）加大低碳前沿技术研究

探索建立以揭榜挂帅、赛马机制等方式发布并组织推动建材科技研发重点项目。研发应用以减量、减排、高效为特征的减污降碳新工艺、新技术、新产品，以提高原燃材料替代率并兼具经济性为要求的低劣质原料及废弃物利用、建筑材料产品循环利用等技术，绿色氢能（清洁能源）煅烧水泥熟料等建材工业窑炉关键技术，新型低碳胶凝材料制备技术，高效能发电玻璃及大型风电叶片设计与制备技术，以及碳吸附、碳捕集、碳贮存等功能型技术，研发新型固碳材料，推动循环经济、低碳经济、生态经济在行业全流程的广泛应用，推动碳达峰的同时为碳中和做好技术和应用储备。

（五）加强产业协同发展

重视与建筑业协同发展，加快与绿色低碳建筑相适应的产品的研发、生产和推广，构建绿色建材制造体系；加强与风电、光电等产业的融合发展，形成可满足国家能源结构调整需求的产业支撑体系。推动建立有利于低碳绿色建材产业发展的政策环境、市场环境、社会环境。

（六）充分利用数字化技术促进行业节能减碳

完善能源管理体系，进一步融合新一代信息技术，实现碳排放在线实时监测，通过数据采集分析、工艺优化控制等信息化、数字化和智能化手段加强能源消耗的控制和监管，提升资源能源利用效率。完善能源计量体系，提升能源精细化管理水平，挖掘节能降碳潜力。

四、以“双碳”目标引导建材行业高质量发展

建材行业碳达峰碳中和，是一项综合性、系统性、长期性工作，应建立明确的工作目标，以建材企业为主体，政府、协会、企业、科研院所、高校等共同发力，社会各界积极参与，共同推进。

基于行业发展现状研究，2021 年 1 月 16 日，中国建筑材料联合会向建材全行业发出《推进建筑材料行业碳达峰、碳中和行动倡议书》，郑重提出并倡议我国建材行业要在 2025 年前全面实现碳达峰，水泥等行业要在 2023 年前率先实现碳达峰。同时，为了建立目标导向，使建材行业“双碳”目标更加具象化，中国建筑材料联合会提出组织打造“零外购电、零化石能源、零一次资源、零碳排放、零废弃物排放、零员工”的建材工业绿色节能、协同处置、资源综合利用、低碳、清洁、

智能的“六零”示范工厂，作为行业企业长远发展导向和价值取向，打造全新行业。

“双碳”目标对建材行业既是挑战，更是机遇。以“双碳”为契机，全面推动建材行业转变发展观念，转向以绿色低碳为特征的发展模式，必将进一步拓展行业发展空间，转变行业发展形象，引领行业进入新的发展阶段。在此呼吁建材全行业围绕行业“双碳”发展目标，结合行业实际，加快推动产业结构、能源结构、产品结构优化，加强产业协同发展效应，共同推动行业碳达峰碳中和进展，提升行业高质量发展水平，为我国碳达峰碳中和总体目标的实现和高质量发展贡献行业力量。

（中国建筑材料联合会行业工作部冯帅）

以工业化绿色化智能化推进建筑业高质量发展

中国建筑业协会

经过数十年改革发展，我国建筑业产值规模不断扩张，吸收大量农村转移劳动力，带动大量关联产业，对经济社会发展、城乡建设和民生改善作出了重要贡献。党的十八大以来，在新发展理念引领下，建筑业建造能力和水平突飞猛进，一批高、精、尖标志性工程相继建成。未来，我国建筑业高质量发展要向工业化、绿色化、智能化等方向努力，由“建造大国”向“建造强国”迈进。

一、建筑业在国民经济发展中的地位：支柱作用越加明显

早在 1980 年 4 月，邓小平同志就曾指出，建筑业是可以为国家增加收入、增加积累的一个重要产业部门。中华人民共和国成立 70 多年来，随着我国经济建设大规模进行，建筑业迅速发展，产值规模不断扩张。1952 年，全国建筑业企业完成总产值 57 亿元；1956 年完成总产值 146 亿元，突破百亿元大关；1988 年完成总产值 1132 亿元，突破千亿元大关；1998 年完成总产值 10062 亿元，突破万亿元大关；2011 年完成总产值 11.6 万亿元，突破十万亿元大关；2017 年完成总产值 21.4 万亿元，突破 20 万亿元大关。2020 年，全国建筑业完成总产值已达 26.4 万亿元，是 1952 年完成总产值的 4632 倍。

建筑业增加值稳步增长，不断提高着国民经济贡献率。2020 年，

全社会建筑业实现增加值达到 7.3 万亿元，是 1978 年的 524 倍，占 GDP 的比重约为 7.2%，比 1978 年提高 3.4 个百分点。建筑业在国民经济中的比重不断提高，支柱产业作用越发明显。

二、建筑业所取得的发展成就：建造能力和水平突飞猛进

党的十八大以来，中国特色社会主义进入新时代。习近平总书记多次对建筑业的改革和发展作出重要指示和批示。2015 年 12 月召开的中央城市工作会议，为我国城市建设和发展指明了方向。在 2019 年的新年贺词中，习近平总书记指出“中国制造、中国创造、中国建造共同发力，继续改变着中国的面貌”。

在新发展理念的引领下，近年来我国建筑业的建造能力和水平突飞猛进，港珠澳大桥、洋山深水港、500 米口径球面射电望远镜、杭州 G20 会议中心、北京大兴国际机场等一批高、精、尖的标志性工程相继建成。特别是在 2020 年初新冠肺炎疫情发生后，广大建筑业企业坚决贯彻落实党中央、国务院决策部署，听从号令，服从指挥，在极短时间内高效组织力量，克服重重困难，强力推进火神山、雷神山等医院建设，为快速有效防控疫情提供了强大的基础设施保障，为全国人民打赢疫情防控阻击战作出了重大贡献。这都体现了广大建设者“关键时刻顶得住、危难时刻靠得住”的责任担当，体现了中国建造水平，充分体现了在党的领导下能集中力量办大事的制度优势。

三、建筑业发展现状及国际地位：“中国建造”享誉全球

我国建筑业拥有 5300 多万名从业人员和几十万家企业，关联着国

民经济的 50 多个行业。21 世纪初，建筑业经历了近 10 年总产值年均 20% 以上的高速增长，之后行业规模扩张逐渐趋于平缓，发展速度由高速转向中高速，发展方式由规模转向集约，朝着高质量的方向转变。

我国建筑业持续快速发展，建造能力不断增强，产业规模不断扩大，吸纳大量农村转移劳动力，带动大量关联产业，对经济社会发展、城乡建设和民生改善作出了重要贡献。但是建筑业也存在着大而不强、工程建设组织方式落后、企业核心竞争力不强、工人技能素质偏低等问题。这是对当前我国建筑业状况的基本判断。

面对当前建筑业存在的问题，我国提出要加快推进工程总承包，推进劳务企业转型成为以作业为主的专业施工企业。限制和淘汰落后危险的工艺工法，提高机械化施工水平，提升信息技术的应用水平。健全建筑业职工技能标准体系，推行工人技能鉴定和技能评价，大力弘扬工匠精神，培养高素质建筑工人。这些都将有助于推动我国建筑业从“建造大国”向“建造强国”转变。

与此同时，我国建筑业企业也积极拓展海外业务，深度参与“一带一路”倡议的沿线国家和地区重大项目的规划和建设。中缅原油管道、摩洛哥穆罕默德六世大桥、蒙内铁路、巴基斯坦瓜达尔深水港、阿尔及利亚歌剧院等工程，赢得了广泛赞誉，“中国建造”在国际上声誉日隆。

2020 年，我国内地共有 74 家企业入选 2020 年度全球最大 250 家国际承包商榜单，入选企业共实现海外市场营业收入 1200.1 亿美元，占 250 家国际承包商海外市场营业收入总额的 25.4%。

四、推动建筑业高质量发展面临的机遇和挑战

党的十九大报告中明确指出，我国经济已由高速增长阶段转向高

质量发展阶段。这是以习近平同志为核心的党中央根据国际国内环境变化，特别是我国发展条件和发展阶段变化作出的重大判断。建筑业也面临着高质量发展这一课题。未来建筑业的高质量发展主要有如下三个方向。

（一）工业化

国家目前正在大力推广装配式建筑，建筑工业化是推广装配式建筑的基础和前提。通过模数化、标准化，在工厂加工、制作好建筑用构件和配件，如楼板、墙板、楼梯、阳台等，再运输到建筑施工现场，通过可靠的连接方式在现场装配安装。通过这种方式，把大量现场作业转移到工厂进行，才能真正实现高质量、高水平的“工厂制造、工地建造”。

（二）绿色化

国家“十四五”规划等文件已经明确提出了碳达峰碳中和目标。从多方统计数据来看，建筑业是碳排放大户。经联合国环境规划署计算，建筑行业消耗了全球 30%～40% 的能源。其中，建材生产阶段、建筑运维阶段的碳排放量占比最大，相比较而言，施工阶段能耗并不占主要部分。建筑业的节能减排，一方面是运用新技术，对传统建筑材料进行更新迭代；另一方面是大力推广绿色建筑、超低能耗建筑、智能家居用品，最大程度降低在建筑运维阶段的能耗和损失。

（三）智能化

如何抓住数字经济的发展机遇，是当前建筑业面临的最大挑战。建筑行业的智能化主要是指新一代信息技术与传统建筑业的深度融合，加快推进建筑业数字化转型，打造建筑业全产业链贯通的智能建造产业体系。2020年，国家13部委联合印发的《关于推动智能建造与建筑工业化协同发展的指导意见》为建筑业提升数字化水平提供了依据。此外，要着力推进工业互联网平台在建筑领域的融合应用，加快建立涵盖招标、投标、采购、设计、施工、运维、政府监管等全方位、多功能的建筑产业互联网平台，充分运用新一代信息技术，打造“中国建造”的升级版。

（中国建筑业协会会长齐骥）

努力开创我国煤化工产业高端化多元化低碳化发展的新局面

中国石油和化学工业联合会

2021年9月13日，习近平总书记在榆林考察国家能源集团榆林化工有限公司时深刻强调，煤炭是我国的主体能源，要按照绿色低碳的发展方向，对标实现碳达峰碳中和目标任务，立足国情、控制总量、兜住底线，有序减量替代，推进煤炭消费转型升级。煤化工产业潜力巨大、大有前途，要提高煤炭作为化工原料的综合利用效能，促进煤化工产业高端化、多元化、低碳化发展，把加强科技创新作为最紧迫任务，加快关键核心技术攻关，积极发展煤基特种燃料、煤基生物可降解材料等。习近平总书记的讲话高屋建瓴、内涵丰富，站在国家能源安全和现代化建设的高度，深刻揭示了我国煤化工产业的发展规律，指出了我国煤化工产业的发展方向，对指导我国煤化工产业高质量发展具有深远意义。

一、保障国家能源安全必须发挥煤炭的主体能源作用

富煤、缺油、少气是我国能源资源禀赋的突出特点，目前煤炭占一次能源消费的比例在57%左右，而石油和天然气对外依存度则分别达到了73%和43%。

在我国，油、气除用于燃料外，还用作化工原料生产基础化工产品。2020年我国原油加工量6.7亿吨，其中成品油产量3.3亿吨，超过40%

的原油用于生产石化化工产品。

近年来我国煤化工技术实现重大突破，现代煤化工示范项目取得重大进展，煤炭能够替代原油生产成品油、天然气以及“三烯”“三苯”等化工原料，可实现煤炭经深加工对原油的替代，成为世界化工原料多元化进程中的重要组成部分。

发展煤化工产业已成为发挥我国能源、资源禀赋特点，推进煤炭消费转型升级，保障国家能源资源安全，支撑国家现代化的重要途径和手段。

二、科技创新和绿色低碳成为煤化工产业可持续发展两大动力

“十三五”以来，我国煤化工产业积极应对全球油价大幅波动、经济增速放缓、新冠肺炎疫情冲击等不利影响，主动参与应对全球气候变化、实现“双碳”目标的统一行动，在科技创新、低碳环保、结构转型等方面均取得了长足进步。特别是以煤制油、煤制天然气、煤制烯烃、煤制乙二醇为主的现代煤化工产业达到世界领先水平，产业化示范取得了重要阶段性成果。

（一）技术创新实现多点突破，取得一批世界级科技成果

在煤气化领域，多喷嘴对置式水煤浆气化技术、航天粉煤加压气化技术等先进煤气化技术进入大型化、长周期运行阶段。在煤制油领域，开发了超清洁汽柴油以及军用柴油、高密度航空煤油、火箭煤油等特种油品先进制造技术，开展了煤直接液化油品的战机试飞和火箭发动机试验；研制出煤沥青制备中间相沥青以及中间相沥青连续聚合技术，建成首套百吨级中间相沥青连续聚合装置；高温流化床费托合成关键

技术完成了10万吨/年中试。在煤制天然气领域，煤制天然气－甲烷化技术具备了工业化条件。在煤制烯烃、芳香烃领域，新一代甲醇制烯烃技术在甲醇转化率、乙烯丙烯选择性、吨烯烃的甲醇单耗等方面优势明显，合成气直接制低碳烯烃技术是具有里程碑意义式的创新突破。此外，低阶煤分级分质利用技术创新也取得积极进展，为有效推动煤炭分质清洁高效利用提供了重要支撑。

（二）绿色低碳发展成为共识，节能减排水平显著提升

煤化工企业普遍认识到绿色低碳是实现可持续发展的生命线，主动采用新的节能减排技术，加强企业用能和排放管理，煤化工产品的单位能耗和污染物排放强度显著下降。正在运行的百万吨级煤间接液化项目单位产品综合能耗、煤耗和水耗分别下降到约2tce/t、3.5tce/t和5.7tce/t；煤制天然气项目能源转化效率在55%左右，单位产品煤耗1.84×10^{-3}tce/Nm^3、水耗5.77×10^{-3}t/Nm^3，产品质量、消耗指标均接近或优于国家控制指标；煤制烯烃项目吨乙烯和丙烯综合能耗降至2.4tce/t以下，甲醇单耗降至2.8t左右；煤制乙二醇装置吨蒸汽耗可达到6t以下。与燃烧发电相比，煤化工排放的二氧化碳浓度高、易回收、成本低，其中70%可实现回收，用于碳捕集、利用与封存（CCUS）技术以及其他工业领域。

（三）产业结构不断优化，产业集中度大幅提升

“十三五”以来，我国煤化工在优化布局上培育了宁东能源化工基地、鄂尔多斯能源化工基地、榆林国家级能源化工基地等多个现代煤化工产业集聚区，重点发展煤制油、煤制气、煤制甲醇、煤制烯烃、煤制乙二醇等煤化工及下游精细化工产业，基本形成品类齐全的现代

煤化工产业集群。2020年，我国煤制油、煤制天然气、煤（甲醇）制烯烃、煤制乙二醇年产能分别达到823万吨、51.05亿立方米、1672万吨、597万吨。其中，煤（甲醇）制烯烃产能占全国聚烯烃产能的31.8%，煤制乙二醇产能占全国乙二醇总产能的36.9%。煤制化学品已成为我国石油化工产业的重要组成部分，为我国石化原料的多元化发展提供了重要支撑。

二、提高煤炭资源的综合利用效能，必须要加快关键核心技术的持续突破

当前，世界正处于百年未有之大变局中，国际环境更趋复杂严峻，全球新冠肺炎疫情持续暴发，不稳定性不确定性明显增强，影响能源安全的因素更多、国际竞争更加激烈，生态环保特别是碳达峰碳中和对煤炭产业的约束越来越紧，要求越来越高。我国已建和在建煤化工项目主要集中在中西部煤炭资源丰富的地区，这对于减少煤炭物流成本、缓解运煤通道压力、拉动当地经济和转型升级等方面具有显著效果，但是这些地区普遍面临远离产品终端市场、水资源短缺、环境资源承载力不足、缺乏纳污水体等问题。同时，受能耗“双控”目标限制，目前现代煤化工项目难以获得相应的增量指标。

“产业结构不合理，基础产品占比过高，同质化现象严重”是长期制约煤化工产业发展的重要问题之一。煤制油品产品类型基本一致，同质化产品供应激增，加剧了煤制油项目的生存压力。煤制烯烃产品以中低端为主，乙烯丙烯产品集中在一些少数通用料或中低端专用料牌号上，高端专用料牌号基本空白。煤制乙二醇的产品结构单一，已建成的项目通常以乙二醇为绝对主产品，下游用于聚酯的高端应用比

例还不高。如果现代煤化工项目不从高端化、差异化上解决同质化问题，势必会造成产能过剩、无序竞争的被动局面。

造成煤化工发展面临的上述问题，主要原因在于科技创新仍未跟上产业发展的需要。许多关键工艺技术尚未取得突破，煤化工产业链过短，高端产品比率较低，是当前煤化工发展的一个突出矛盾。虽然目前煤化工新技术研发活跃，但是大多处于实验室或中试阶段，仍需进行工业化示范验证。特别是亟待开发二氧化碳资源化利用技术，减少温室气体排放对环境影响。强化煤化工科技创新，突破制约绿色低碳发展的关键核心技术，提高煤炭资源的综合利用效能，推进产品的高端化、多元化、低碳化，是“十四五”时期煤化工产业实现高质量发展的当务之急。

三、努力开创煤化工产业高端化多元化低碳化发展的新局面

“十四五”时期是我国石油和化学工业由大向强跨越的关键时期，煤化工行业要认真学习贯彻习近平总书记的指示精神，紧紧围绕提高煤炭综合利用效能，优化布局，延链、补链、强链，走出一条依靠科技进步和管理提升的高端化、多元化、低碳化发展的新路子。

（一）控制总量，优化产业布局

区分煤化工用的原料煤与供电、供热用的燃料煤，加强统计分析，摸清家底，在严控燃料煤消费量的前提下，合理制订煤化工原料煤的控煤方案，避免各地限煤“一刀切”“运动式”做法，既要确保大气质量的改善，也要避免对企业造成“误伤”。统筹考虑资源条件、环境容量、生态安全、交通运输、产品市场等因素，科学合理布局示范项目。

根据资源承载能力和环境容量安排发展速度，按照能源保障、运输和加工能力安排资源开发规模和产业布局，推进大型化、园区化、基地化的可持续发展模式。

（二）优化结构，促进高端多元化发展

已建成的示范项目要实现“安稳长满优”运行，重点围绕生产高端、有差异化和高附加值的产品，提高能效、降低资源单耗，降低污染排放，加强节水和环保技术开发、装备自主化等开展升级示范。重点发展煤制超清洁油品和特种油品，同时加快下游化工产品向精细化、高附加值方向发展，特别是加快煤基特种燃料和煤基生物可降解材料的发展。继续开展甲烷化技术及催化剂的开发工作，推进 10 亿立方米 / 年工业化示范。开发差异化、高端化聚烯烃牌号，加强对碳四资源综合利用。不断提升乙二醇产品质量，降低资源消耗，联产高附加值产品。稳步推进煤制芳香烃工业化示范进展。

（三）延链耦合，推进绿色低碳发展

要努力打破目前各行业按技术和工艺相互隔离的发展模式，积极探索以资源综合利用为纽带的不同行业耦合发展的新模式，共生共联，协同发展。要采取多联产方式，实现煤电化上下游一体化建设和运营，大力推动现代煤化工与石油化工、化纤、盐化工、冶金、电力、建材等产业融合发展，延伸产业链，壮大产业集群，助力煤炭清洁高效转化。研发合成反应热高效利用、低位能有效利用、密闭式循环冷却、高含盐浓缩水处置、多种废气污染物处置等节能节水和环保技术。对缺少纳污水体或纳污水体不能接受废水排放的，严格落实水功能区域限制纳污红线管理的要求，做到工艺废水全部回收利用；对有纳污水体条

件的，严格执行污水达标排放标准。组织攻克大规模、低能耗二氧化碳分离与捕集技术，安全高效二氧化碳输送工程技术，低能耗、低成本、大规模二氧化碳利用技术，安全可靠的二氧化碳封存技术，积极开展以二氧化碳为原料制高附加值及大宗化学品研究，减少温室气体排放对环境的影响。

（四）创新引领，提升可持续发展能力

开展“产学研用”协同攻关，进一步开发大型先进煤气化技术；开发合成气一步法制烯烃、低碳醇醚、对二甲苯，甲醇一步法制备对二甲苯，合成气直接制高碳醇，煤直接提取高附加值医药中间体和精细化学品等短流程技术；开发煤制超清洁油品和特种油品，同时加快向下游化工产品延伸生产特种化学品；研发差异化、高端化聚烯烃牌号，加强对碳四资源综合利用；不断提升乙二醇产品质量，降低资源消耗，联产高附加值产品；攻克粉煤热解、气液固分离工程难题，形成百万吨级低阶煤大型热解多联产清洁高效分级分质利用关键技术，用技术创新开创煤化工产业潜力巨大、大有前途的新未来。

（中国石油和化学工业联合会会长李寿生）

“双碳”目标下煤炭发展路径探析

中国煤炭建设协会

“十三五”以来，我国能源工业深入贯彻落实“四个革命、一个合作”的能源安全新战略思想，推动传统能源资源开发利用向资源、环境、经济、社会协调发展转变。我国已进入高质量发展的新阶段，随着碳达峰碳中和目标的提出，需要加速构建绿色低碳循环的能源新发展格局。煤炭作为我国的基础能源和工业原料，长期以来为经济社会发展和能源安全提供了重要保障。为适应能源高质量发展、积极应对气候变化的新要求，煤炭行业亟需科学谋划、实施转型发展的新路径。

一、“双碳”目标对煤炭的影响

（一）煤炭的能源地位将从“主体”转向“兜底”

自改革开放以来，煤炭在一次能源中占比呈现逐年下降趋势，2020年下降到了56.8%，十年间平均每年下降1.24%，但煤炭仍然是我国能源安全的基础能源。无论是从资源储量、技术经济性，还是利用效率等方面来看，煤炭仍然是我国能源安全的一个压舱石和电力安全运行的稳定器。未来一段时期内，随着水电和光伏等可再生能源占比逐渐上升，煤炭的能源地位将逐步从主体能源转向兜底保障。

（二）煤炭的利用方式将从“燃料”趋向“原料”

煤炭利用方式将从以燃料为主趋向以燃料和原料并重。从行业方向来看，目前煤炭的利用方式以燃料为主，主要体现在电煤方面。“双碳”目标的提出后，燃料比例将会大幅度减少，主要体现在以下两个方面：一方面，煤电发电占我国发电量的65%，是最大的碳排放行业，目前煤电的装机容量是10.8亿千瓦，其中9亿千瓦为大容量、高参数、相对低排放的机组；另一方面，可再生能源的替补作用逐步增强，随着“双碳”驱动，工业企业发展绿电的趋势会越来越明显。所以，煤炭清洁利用水平将得到提升。煤炭作为燃料的增长空间有限，作为原料还大有发挥余地，为降低GDP能耗和碳减排作出主要贡献。

（三）煤炭的开发布局将从“规模”走向“质量”

煤炭开发模式将从外延式的规模发展转向内涵式的质量效益，包括大型现代化矿井建设、煤炭开发区域向西北大型煤炭基地集中，煤炭销售也将从重视商品煤供应向重视客户定制化生产。同时，煤电行业正在研发超高参数超超临界发电技术及装备、新型动力循环燃煤发电技术及装备；加强煤炭智能化开采和矿区生态保护与修复；加大新型煤化工技术储备和开展低阶煤分质梯级利用。

二、煤炭行业发展预期

（一）煤炭产量预期

未来十年，煤炭产量仍将保持高位，而增幅将逐步减少。根据“十四五”规划，2025年我国能源生产总量将达到46亿吨标准煤，比2020年增长5.2亿吨标准煤；根据能源产量规划比例测算，2025年原煤产量仍然需要在现有基础上增加1亿吨才能达到总量目标。

（二）煤炭消费预期

煤炭消费在2013年达到峰值，至今维持在平台期。预计到2025年和2035年煤炭在一次能源中消费占比下降到50%和40%，消费总量预计在42亿吨和30亿吨左右。散煤的清洁替代、煤炭的集约使用以及可再生能源对煤电的替代都将影响市场进而影响煤炭的消费预期。

（三）煤炭生产方式预期

预计到2025年煤矿数量减少到4000处以下，优质产能占比超过30%。煤炭生产方式也将向低碳化和智能化转变。低碳化是以绿色开采、资源综合利用和生态修复为重点，因地制宜推广充填开采、保水开采、煤与瓦斯共采等绿色开采技术；智能化将推进无人工作面、井下机器人、5G专网、智能掘进等，预计2025年全国智能化煤矿数量超过1100处。

（四）煤炭转化方式预期

预计到2035年和2050年，煤化工用煤预计分别增长到4.5亿吨和5.0亿吨，现代煤化工产业的发展将成为煤炭原料化利用的主要驱动力。“双碳”目标的提出会促进煤的转化，转化不仅可以“固碳”，也是消耗煤炭的增长空间。

三、“双碳”目标下煤炭发展举措

（一）推进煤炭清洁高效利用

我国化石能源高占比和以煤为主的能源特点，决定了“越过煤油气直接过渡到以新能源为主的零碳系统”之路是不可行的，必须坚持低碳和零碳并行发展之路。根据中国工程院的战略研究显示，到 2030 年煤炭比重仍将在 50% 左右，依然是主体能源，所以我国能源转型的立足点和首要任务是切实做好化石能源，特别是煤炭的清洁高效开发利用。推动煤炭产业技术升级、产品升级、质量升级、管理升级，促进煤炭上下游产业协同，煤炭与清洁能源协同发展。

（二）推动煤炭科技创新发展

以煤炭安全智能化开采和清洁高效集约化利用为导向，以技术升级示范为主线，以国家能源战略技术储备和产能储备为重点，深入推进核心技术攻关；加快智能工厂和数字化车间建设，推动智能化成套装备与关键零部件、工业软件研发；加强行业人才队伍建设，建立完善的“产学研用”体制机制；推进煤炭行业两化深度融合，促进行业向人才技术密集型转变。

（三）促进低碳技术创新应用

推进绿色开采和煤炭分质分级梯级利用，从源头控制污染物排放，提高煤炭资源综合利用效率和价值。根据经济性、技术可行性和生态环境容量适度发展现代煤化工，发挥煤的工业原料功能，有效替代油气资源，保障国家能源安全。支持富油煤资源勘查和评价，研究富油煤矿区资源科学开发、综合利用规划，打通煤油气、化工和新材料产业链，提升煤炭全产业链发展空间。

（中国煤炭建设协会副理事长兼秘书长徐亮）

电力行业实现绿色低碳转型的技术方法和路径探讨

中国电力发展促进会

2020 年 9 月 22 日，国家主席习近平在第七十五届联合国大会上提出，中国将采取更加有力的政策和措施，保障二氧化碳排放于 2030 年前达到峰值，努力争取 2060 年前实现碳中和。2021 年 3 月 15 日，习近平总书记在中央财经委第九次会议上提出构建清洁低碳安全高效的能源体系，实施可再生能源替代行动，构建以新能源为主体的新型电力系统。随后，中共中央、国务院印发《关于完整准确全面贯彻新发展理念做好碳达峰碳中和工作的意见》（中发〔2021〕36 号）、国务院印发《2030 年前碳达峰行动方案》（国发〔2021〕23 号）等，为我国“双碳”战略目标的实现和各项工作的顺利开展提供了根本遵循和具体实施行动方案。

实现碳达峰碳中和将为我国国民经济发展带来生产方式的深刻变革，它涉及产业升级、能源转型、技术创新等各方面。因为碳减排的重心在能源，而电力行业碳排放约占能源行业的 41%，所以开展电力行业绿色低碳转型的技术方法和路径研究，能够为我国的“双碳”战略目标实现提供更加清晰而有力的支撑。

一、碳排放现状及电力构成

（一）碳排放现状

2020年中国单位国内生产总值碳排放总量仍达近100亿吨。从占比来看，中国碳排放在全球碳排放总量中的占比不断提升，目前已达30%左右，所以实现碳达峰碳中和，任务异常艰巨。

（二）电力构成

目前火电仍是中国电力的基础，特别是煤电。从“十三五”新增装机容量来看，火电装机容量仍然保持增长，年均新增容量超过4000万千瓦。根据中电联的发布数据，截至2020年底，全国全口径电力总装机容量为22亿千瓦，其中火电12.5亿千瓦、水电3.7亿千瓦、核电4989万千瓦、并网风电2.8亿千瓦、并网太阳能发电2.5亿千瓦、生物质发电2952万千瓦。煤电装机容量占比为49.1%，历史上首次降至50%以下。非化石能源发电装机容量合计9.8亿千瓦，占总发电装机容量的44.8%。年发电量2.58万亿千瓦时，占全国全口径发电量的33.9%。

《巴黎协定》已于2016年11月4日正式生效，根据长期升温控制目标在2℃以内来估算，中国2050年一次能源消费与构成的目标：非化石能源占比超过70%，非化石电力占比超过90%，终端电力比重超过55%。这一目标的实现，既是挑战更是机遇，无疑将重塑中国的电力产业结构。

二、电力绿色低碳转型的技术方法和路径

“十四五”“十五五”是碳达峰的关键窗口期，实施可再生能源替代行动，大力发展风电、光伏、水电、核电、生物质和地热发电等，构建“风光水火储”一体化的新型电力体系，既涉及“发、输、配、售、用”协同创新，又包括能源电力技术与数字化技术的跨界融合，因此需要从碳达峰碳中和的大局，系统性地思考电力行业的绿色低碳转型。

（一）传统火电的转型升级

中国传统化石燃料主要包括煤、石油和天然气，又以煤为绝对主体。虽然煤是高含碳能源，但脱碳并不意味着去煤，这也不符合国情。因为开采与发电是碳排放最高的环节，所以应绿色开采、科学用煤，尽可能做到低碳发展。因此认真探讨绿色低碳转型的技术方法和路径十分重要。

1. 化石燃料侧

传统煤电预计会在2025年左右提前碳达峰，针对煤炭行业可持续发展，2030—2050年既是事关存亡的关键期，也是技术变革的活跃期。未来的发展空间取决于自身能否实现绿色开采、原位低碳化利用、生态修复以及CCUS（如煤化工碳捕集、利用与封存等）能否应用和推广等。

2. 燃煤发电侧

从中国的电力结构来看，截至2020年底，煤电装机容量仍高达10.8亿千瓦，而且在未来的十年，因新能源的支撑性需求，局部区域还会存在煤电增量。每发一度电要排放$CO_2$0.8～0.9kg，如果每

度电的耗煤量降低 1g，全国每年就可减排 $CO_2$750 万吨。因此，除了严控新建煤电机组增量 [原则上采用超超临界、且供电煤耗低于 270 gce/（kW · h）] 外，应集中精力加快存量火电机组的改造，主要技术路径包括：①淘汰关停低参数小火电，可创造条件转为应急备用和调峰电源；②积极推进煤电机组灵活性改造，进一步提升调峰能力，纯凝机组达到 35% 最小额定出力，采暖热电机组供热期达到 40%（单日 6h）最小额定出力；③推动煤电机组的节能提效升级和清洁化利用，如汽轮机的通流改造、锅炉蒸汽升参数、烟气余热 + 汽机热力系统的综合集成和能量梯级利用、低污染物（SO_x、NO_x、灰尘、汞、砷等）排放协同治理等；④开展煤电机组供热改造，充分发挥热电联产机组的供热能力，存量热电联产机组则通过深度余热利用进一步提高供热能力；⑤加大煤电机组的创新技术应用，如 650℃等级超超临界技术、低成本低排放循环流化床 CFB 技术、智慧电厂技术、燃煤电厂大规模碳捕集、利用与封存技术等；⑥煤电的综合能源站改造，充分利用电厂客观环境，既可新增风能、光能可再生能源，又可错峰利用谷电储能（如光热、绿电或谷电加热熔盐等），提供冷热电气水等综合能源服务；⑦燃煤偶合生物质、垃圾、污泥等发电改造，在充分发挥大型燃煤机组高效率低污染优势外，还可以有效降低其碳排放水平。

3. 燃气发电侧

中国天然气储量少，燃料成本和燃机（严重依赖进口）运行维护成本高昂，制约着燃气发电的发展，但因燃气机组具备高达 90% 的有效容量（煤电占 80%，“风光”仅占 10%～20%）、调峰能力强、碳排放强度低（约为煤电的 42%）等优点，在“十四五”期间预计仍有 50% 左右的增长空间。燃气发电在进一步低碳转型中可采用的技术路径主要包括：①开发、采用更加先进的燃气机组，尤其是完全自主知识产权的国产燃气轮机方面，实现 60% 以上的联合循环效率；②燃气发电偶合“风光”可再生能源发电、储能等，替代燃煤发电，可实现比 100% 新能源发电更大程度的碳减排；③推进天然气分布式综合能源站，通过“天然气分布式＋储能＋智慧微网”等模式，为区域用户提供热、电、冷、气、水、充电、储能、燃气等多种能源和服务；④结合高效的联合循环燃气机组，采用碳捕集、利用与封存技术，可实现 95% 以上的碳减排；⑤开发氢燃气轮机，或通过技术升级改造实现高比例掺氢燃烧或 100% 燃氢，最终实现零碳排放。

（二）大力发展可再生能源电力

大力发展可再生能源是推动电力行业绿色低碳转型的核心路径。根据《2030 年前碳达峰行动方案》要求，全面推进风电、太阳能发电大规模开发和高质量发展，坚持集中式与分布式并举，到 2030 年，风电、太阳能发电总装机容量达到 12 亿千瓦以上。同时积极发展水、核、生物质、地热等发电，推动我国电力供应持续向更高效、更清洁的多元化方向发展。

1. 风电侧

中国的风电装机容量在近十年间取得极大发展，截至目前已经突破 3 亿千瓦大关。虽然风电整机制造商技术上取得一定突破，且国内市场占有率超过 90%，但是在大型风电技术、关键材料、超大型叶片、电机等领域还有差距，未来的重点发展方向应聚焦在以下几个方面：①进行大型风电技术创新，开发 10～15MW 等级及以上风电机组，涉及 100m 以上超大型叶片的材质结构和轻量化技术、10～15MW 等级变流器、超导风力发电机、更高更轻质塔筒等；②中东南部地区风资源可开发规模仍高达 10 亿千瓦，应积极推动分散式风电；③充分利用远海的优良风资源，开发远海大型风电系统，研发大容量风电机组漂浮式基础、控制系统等；④耦合其他新能源电力，以及同步配套储能、制氢等，提高供电的稳定性和安全性；⑤创新应用直流输电装备，采用柔直送出技术提高长距离、大规模远海风电的经济性和可靠性；⑥增强数字化技术与风机的协同，开发智能风电平台，通过“自学习、自适应、自优化”提高风电发电量。

2. **太阳能发电侧**

纵观光伏发电的发展脉络，全球的光伏电池及产量正处于持续上升的阶段，并且中国是光伏发电的生产主力。自 2008 年始我国光伏电池产量一直位居世界第一，2020 年更是达 1.57 亿千瓦。中国蕴藏巨大的太阳能资源，大力发展太阳能发电不仅可以有效解决其产能过剩问题，而且对“双碳”目标的实现极具现实意义。

光伏发电技术路线主要包括晶体硅太阳能电池、薄膜太阳能电池和聚光发电技术等，晶体硅太阳能电池是目前光伏发电的主流产品。针对中国未来的重点发展方向，建议从以下方面着力：①上游硅料（化工属性）企业应优化工艺技术流程、逐步采用绿电生产等，现阶段因电能成本占比高达 44%，应避免碳锁定，建议一定时期内给予特殊政策支持，降低对光伏产业大规模化发展的负面影响；②多晶硅向单晶硅方向转型、P 型硅向 N 型硅转型、低纯度硅向高纯度硅（电子级）转型，提升有效发电效率；③结合光学优化、电学优化和结构优化技术，开发出整体性能更优的光伏组件；④开发更高效率的光伏电池技术，尽管 PERC（钝化发射极和背面电池技术）技术市场占比高达 90% 以上，但是已接近效率的天花板（理论最大 24%），应逐步推进向新电池技术方向发展，如 TOPCon 和异质结电池、叠层电池等；⑤聚光光伏的光转换效率最高可达 30%～40%，未来应在跟踪聚光及控制精度、降低运行成本等方面着力；⑥因地制宜光电与光热并举、集中与分布并举，并与其他形式新能源、数字化技术、建筑一体化、照明等有效结合。

3. 其他可再生能源发电侧

水电、核电、生物质和地热发电等都是中国未来新型电力系统的构成要素。在鼓励发展装机的同时，也应重视依靠技术进步解决制约发展的核心问题，如大型复杂水电站群的优化规划技术、跨梯级跨区域统一调度技术、大型水力涡轮机技术、国产第四代核电技术开发、生物质气化和直燃发电技术、垃圾能源化技术等。

（三）积极发展氢能、储能及新兴低碳技术

从“双碳”目标来看，传统煤电的逐步退出尚需三四十年时间，而且以风电、光电为主体的可再生能源不确定性强，电力系统面临长时间尺度上的平衡难题以及调压调频等难题，存在能源安全风险。需要综合利用储能、氢能和低碳利用的化石能源等多种供给形式，主要方向包括如下方面。

1. 大力发展各种储能技术

（1）长周期储能，如抽水蓄能、压缩空气储能、熔盐储能等，如采用光热、绿电或谷电加热熔盐替代燃煤锅炉等。

（2）电化学储能，如锂电池、钠电池、液流电池、可逆式燃料电池等，鼓励动力电池的能量梯级利用，以及高密度、大容量、更安全的电化学电池技术开发。

（3）飞轮、超级电容和超导磁储能，参与调峰调频，提升电能质量控制。

2. 大力发展氢能

（1）煤、化工、天然气重整等制氢方式，同时宜配套碳捕集、利

用与封存技术 CCUS。

（2）绿电电解制氢，如固态氧化物燃料电池 SOFC（也可利用高温工作特性与核电集成）、碱性电池 AEC（高稳定性需求与水电耦合最佳）、质子交换膜 PEM（材料、结构、界面、热管理等技术改进）。

（3）直接太阳能水分解制氢，如光电化学电池 PEC 和太阳能热化学制氢 STCH 等，突破光电极、材料、催化剂等性能制约困境。

（4）着力解决氢的存储、运输等环节技术难题，如氢制备氨或甲醇。

3. 大力发展新技术

大力发展负碳技术，如碳捕集、利用与封存 CCUS、直接空气捕集 DAC、绿色碳汇等，尤其应开发大规模碳消纳的创新应用技术。

（四）构建数字化智能电力

随着以可再生能源为主体的新型电力系统构建，可再生能源逐渐成为电源主体，“源随荷动”的传统电力系统生产组织模式将发生根本性变化，数字化将是提升可再生能源消纳、实现电网安全高效、助力负荷可控可调、综合智慧高效用能的战略性抓手。通过应用云计算、大数据、物联网、移动互联网、人工智能、区块链、高性能图计算等新一代数字技术对电力系统进行数字化建设，促进源网荷储协调互动，推动电力系统的能源互联网升级。

三、电力绿色低碳转型中行业协会的作用

中国未来的电力结构将是一个开放复杂的巨系统，各类新能源市场参与主体众如繁星，行业协会作为市场第三方平台，是贯彻“创新、

协调、绿色、开放、共享”新发展理念的重要组织载体，必将在电力行业的绿色低碳转型、构建全国统一电力市场等方面发挥强大的纽带作用。

实现“双碳”战略目标，能源是主战场，电力是生力军，建设“绿色、低碳、安全、高效”的现代能源体系，需要从实现低碳的“供应链、产业链、创新链、价值链”的有效整合做起，协会作为市场第三方服务平台，在低碳产业集群、资源共享平台建设、开源技术体系建设、产业开放体系建设中都具有不可替代的组织功能作用。为促进电力行业的绿色低碳转型，中国电力发展促进会先后成立电力数字化产业委员会、低碳用能与智能电力专委会、碳达峰碳中和专委会、智能电气专委会等分支机构，积极发挥“共建、共治、共享、共赢”的平台作用，面向会员、面向社会、面向市场：

（1）跟踪相关领域技术最新发展动态，开展产业政策、技术标准和产业信息咨询等。

（2）搭建公共服务平台，推动行业内部企业资源共享，促进新技术、新产品、新模式在电力行业的应用推广和规模化应用。

（3）聚焦行业底层类、共性类问题研究以及产业链关键环节，通过产学研协同创新模式，打破壁垒，服务政企合作，引领行业发展方向。

（4）引导发挥龙头企业的引领作用，助力“专精特新”类中小企业的高质量发展。

（5）开展电力低碳转型急需的专业人才培训，如碳管理工程师、数字工程师等，为协会助力双碳战略目标实现开展了积极的探索。

四、总结及展望

“双碳”目标约束下，构建以新能源为主体的新型电力系统，既是世界能源发展大趋势的要求和构建人类命运共同体的重要内涵，也是中国优化电力产业结构和实现能源电力高质量发展的内在需求。从能源电力技术角度看，需要大力推动传统火电的低碳技术改造升级、大力发展风光水新能源，积极推进氢能、储能、新型低碳技术创新性应用等；从数字化技术角度看，需要大力促进“大云物移智链”等新一代数字技术与能源电力技术的融合应用，实现与电力系统各环节大数据的互联互通；从协会组织功能角度看，要深入研究数字经济、万物互联背景下市场第三方平台的功能作用，发挥其构建产业集群，打通产业链、价值链、创新链和建设开源共享平台等功能作用，服务好行业内部竞争与合作辩证关系的处理，积极促进能源电力技术和数字化技术的跨界融合，助力电力绿色低碳转型过程中所面临的基础类、共性类问题的有效解决。

随着能源革命和数字革命的相容并进，随着“电＋碳”的可测、可观、可控发展，在发挥市场在资源配置中起决定性作用的同时，更好地发挥政府的宏观指导作用，未来我国的统一电力市场和碳市场都将趋于成熟，并最终实现互相反哺、互相促进，碳达峰碳中和一定能够如期、甚至更早实现。

（中国电力发展促进会常务副会长游敏）

碳达峰碳中和背景下水泥行业结构调整之路

中国水泥协会

近期，中共中央、国务院印发《关于完整准确全面贯彻新发展理念做好碳达峰碳中和工作的意见》，国务院印发《2030 年前碳达峰行动方案》，国家发展改革委等部门印发《关于严格能效约束推动重点领域节能降碳的若干意见》，并配套发布《冶金、建材重点行业严格能效约束推动节能降碳行动方案（2021—2025 年）》。

水泥被划分为高耗能、高排放项目，是节能降碳、实现碳达峰的重点行业。水泥行业应当统筹谋划，以减污降碳协同增效为总抓手，从产业结构调整、能源结构调整、交通运输结构调整、用地结构调整这四大结构调整来科学推动碳达峰碳中和工作。

一、产业结构调整

水泥行业是产能严重过剩行业，2020 年我国水泥产量 23.8 亿吨，占全球水泥产量的 50% 以上。我国水泥行业是二氧化碳排放重点行业，占全国二氧化碳排放的 13% 左右。水泥行业碳排放与熟料产量密切相关。2009—2020 年的十多年来，中国水泥行业随着水泥熟料产量增加，碳排放从 9.71 亿吨逐步达到 13.75 亿吨。

目前水泥行业的结构性减排效果最明显。今后将继续利用淘汰落后和压减过剩产能、优化产能布局、提高产业集中度等供给侧结构性改革手段，进行产业结构调整，同时达到碳减排效果。

（一）产能布局不断优化

“十三五”期间，大型水泥企业集团通过联合重组、整合产权或经营权等手段提升产业集中度，中国排名前 50 家的大企业集团的水泥熟料设计产能占全国总产能的 76%，其中，前 10 家大企业集团的水泥熟料产能占全国总产能的 57%，基本达到《国务院办公厅关于促进建材工业稳增长调结构增效益的指导意见》（国办发〔2016〕34 号）“水泥熟料、平板玻璃产量排名前 10 家企业的生产集中度达 60% 左右”目标。在供给侧结构性改革和国企改革的双重推动下，水泥行业加快兼并重组，提高区域产业集中度开始布局。

预测：目前“双碳”和能耗双控等政策为企业兼并重组创造条件，地方政府利用产能置换、兼并重组等产业政策提高产业集中度，扶持优势企业集团，加大退出低效水泥产能力度，优化产能布局，以提高区域产业集中度、新建水泥项目规模化智能化为标志的新一轮水泥行业产业结构调整在“政策组合拳”的推动下拉开序幕。

（二）规模化大型化凸显

2019—2020 年水泥行业共公告产能置换项目 59 个，压减产能约 1828 万吨，2020 年公告的新型干法建设项目平均单线规模约 4900t/d。水泥熟料产能利用率由 2015 年的 66.9% 提高至 2020 年的 77.5%，限于市场需求低于产能发挥率，这远低于国家强制性标准 GB 50295—2016《水泥工厂设计规范》规定的“水泥回转窑运转率至少达 85%”的要求。

按照生产许可证统计，目前除特种水泥熟料生产线和少许 JT 窑外，新型干法水泥产量比重已接近 100%，实际产能在 2500t/d 及以下的产能约占总产能的 28%，2500 ～ 8000t/d（含）约占 70%，8000t/d 以上产能约占 2%，生产通用水泥的新型干法窑单线平均规模提升至 3605t/d。

国务院授权、发展改革委颁布的《产业结构调整指导目录（2019 年本)》将 2000t/d（不含）以下新型干法水泥熟料生产线（特种水泥生产线除外）和 60 万吨 / 年（不含）以下水泥粉磨站列为限制类。

随着资源日趋紧张、能耗双控不断加强、“双碳”目标不断推进，不具备规模优势的低效低质水泥产能其单位产品的碳排放基数大、能耗高，很难通过加大在能源替代、节能减排和智能化等方面的投资力度，达不到环保、能效、质量等约束条件且改造后仍不合格的低效产能，退出已成为趋势。

预测：在都市圈等市场需求较好的区域，整合产能 2500t/d 及以下生产线，将进一步提高区域水泥产业集中度，建设产能至少 4000t/d 以上，甚至 8000t/d 及以上的超大规模水泥熟料项目，有利于进一步降低碳排放强度。

（三）产业链延伸和“一带一路”倡议

除了优化水泥熟料产能布局外，水泥大企业集团逐渐向上下游延伸拓展产业链，加大对矿山、骨料砂石、混凝土、预制件加工、装配式建筑、水泥外加剂等投资力度，还继续在国外以投资建厂等形式进行国际产能合作。2020 中国砂石行业产能 20 强中水泥企业有 7 家，5 强中水泥企业有 4 家。“十三五”期间，中国企业在海外投资合计投产 23 条水泥熟料生产线，合计熟料产能 2688 万吨，水泥产能 3965 万吨。

预测：今后将加大对水泥产业链延伸和布局的投资，依托全员劳动生产率不断提升的水泥熟料智能工厂集聚形成“绿色矿山开采修复—水泥或砂石骨料基地—高品质商品混凝土站—装配式建筑绿色低碳产业园—数智物流园区”完整的产业链，促进能效提升至标杆水平。加大对外投资和国际产能合作推进“一带一路”倡议等。

（四）水泥产品的结构性调整

（1）目前，抗硫酸盐硅酸盐水泥、核电工程用硅酸盐水泥、油井水泥、中热硅酸盐水泥、低热硅酸盐水泥、道路硅酸盐水泥、海工硅酸盐水泥等 15 类特种水泥也得到应用和推广。其中，“硫（铁）铝酸盐水泥、铝酸盐水泥、白色硅酸盐水泥等特种水泥工艺技术及产品的研发与应用”已写入《产业结构调整指导目录（2019 年本）》。

预测：目前 15 类特种水泥只有国家推荐性标准或行业标准，市场规模较小。今后可能针对军工领域和市场规模相对较大、出口份额较多的特种水泥，出台相关的国家强制性标准。

（2）熟料与水泥产品系数比将略有所上升。2013—2020 年熟料与水泥系数比由 0.56 上升至 0.66，主要是因为 GB 175—2007《通用硅酸盐水泥》修改单取消 32.5 强度等级复合硅酸盐水泥和取消 32.5（R）强度等级复合硅酸盐水泥。

预测：今后熟料与水泥系数比将稳步上升至 0.70，熟料产量增幅要略大于水泥产量增幅。一是为了满足 GB 175—2007《通用硅酸盐水泥》标准要求增加水泥中熟料的用量，更好地发挥高标号水泥的结构承重功能，二是市场已经习惯并认可日益增长的熟料与水泥系数比。

二、适应能源结构调整

（一）能效要求提高

“十三五”以来，水泥行业加大科技创新力度，实施节能改造，促进提质增效，与2015年相比，2020年规模以上企业吨水泥熟料综合能耗下降3.6%。根据工业和信息化部2020年重点用能行业能效“领跑者”统计，水泥企业可比熟料综合能耗最低为91.75kgce/t，上榜企业的可比熟料综合能耗基本在100kgce/t以下。

虽然水泥行业整体节能降碳成效显著，但是《节能降碳行动方案》对水泥行业又提出了更加严格的要求，到2025年水泥行业能效达到标杆水平的产能比例超过30%，行业整体能效水平明显提升，碳排放强度明显下降，绿色低碳发展能力显著增强。标杆水平为可比熟料综合能耗100kgce/t，基准水平为可比熟料综合能耗117kgce/t。目前的能效要求对照十年前水泥行业的整体水平，技术指标大约提高了5%～7%。

2021年10月新修订发布的GB 16780—2021《水泥单位产品能源消耗限额》（以下简称新版GB 16780）于2022年11月1日起实施。新版GB 16780将熟料综合能耗3级（即能耗限定值/基准值）指标确定为不大于117kgce/t，等同于《节能降碳行动方案》中的基准水平。结合近三年调研测算的数据，75%左右产能的生产线可以达到限定值要求，其余约25%产能可作为退出的主要目标。也就是说，无论是按照《节能降碳行动方案》还是新版GB 16780，如果不及时进行技术改造，将有25%产能也就是4亿多吨水泥熟料产能面临淘汰。

2021年5月30日，生态环境部印发的《关于加强高耗能、高排放建设项目生态环境源头防控的指导意见》（环环评〔2021〕45号）要求新建、扩建“两高”项目应采用先进适用的工艺技术和装备，单位产品物耗、能耗、水耗等达到清洁生产先进水平。《节能降碳行动方案》又再次提高了新建项目的能耗准入条件，相当于将新建和改扩建水泥项目的能耗限额提升到标杆水平，也是新版GB 16780水泥熟料单位产品综合能耗1级（先进值）即100 kgce/t。目前全国约有5%的产能可以满足这一要求。

（二）应用新能源比例提高

我国“十四五”时期严格合理控制煤炭消费增长、“十五五”时期将逐步减少。对于水泥行业，节煤节电、煤炭清洁利用依然重要。要进一步适应煤电减量的能源结构调整，大幅度提高绿色能源、可替代能源的使用比例，推动能源清洁低碳安全高效利用。太阳能、风电、生物质能、高效储能技术等零碳绿色能源应用技术有较大空间。

2021 年 6 月，《国家能源局综合司关于报送整县（市、区）屋顶分布式光伏开发试点方案的通知》指出“我国建筑屋顶资源丰富、分布广泛，开发建设屋顶分布式光伏潜力巨大”。我国大规模水泥熟料线一般都配备自有矿山，水泥厂区面积较大，同时光伏建设技术日趋成熟，这是实现开发建设屋顶分布式光伏的有利条件。

预测：对于水泥行业，光伏发电将成为继大规模成熟运用余热发电技术之后的新增长极，也将成为应用新能源的较优选择。

（三）煤炭减量替代工作加强

《中共中央　国务院关于深入打好污染防治攻坚战的意见》要求京津冀及周边地区、长三角地区煤炭消费量分别下降 10%、5% 左右，汾渭平原煤炭消费量实现负增长。

此前《中共中央　国务院关于全面加强生态环境保护坚决打好污染防治攻坚战的意见》要求到 2020 年，北京市、天津市、河北省、山东省、河南省及珠三角区域煤炭消费总量比 2015 年均下降 10% 左右，上海市、江苏省、浙江省、安徽省及汾渭平原煤炭消费总量均下降 5% 左右。国家发展改革委等六部门曾联合发布公告，安徽、山东两省及晋中、运城、吕梁等城市2019年煤炭消费量不降反增，给予通报批评。

预测：今后严格煤炭消费减量替代，加强煤炭清洁高效利用，推动产业结构和能源结构调整，加快经济社会发展全面绿色转型的任务更加紧迫。

（四）资源综合利用水平提升

目前水泥能耗进一步降低的潜力有限，需要进一步鼓励能够有效提高资源综合利用水平、加大替代原燃料比例的手段。水泥行业发挥协同处置优势，提高资源综合利用水平，160余条水泥熟料生产线配套建设了协同处置生活垃圾、污泥、危险废弃物等装备，水泥熟料生产线余热发电达到可装生产线的95%。

预测：今后水泥窑协同处置覆盖率将大幅度提升，这种提升资源综合利用水平、替代原燃料成熟技术将成为水泥行业新的增长点。

三、交通运输结构调整

《中共中央　国务院关于深入打好污染防治攻坚战的意见》提出“全国基本淘汰国三及以下排放标准汽车，推动氢燃料电池汽车示范应用，有序推广清洁能源汽车”。《关于加强高耗能、高排放建设项目生态环境源头防控的指导意见》指出“大宗物料优先采用铁路、管道或水路运输，短途接驳优先使用新能源车辆运输”。

预测：国家污染防治重点区域的水泥厂内运输车要逐步达到国六排放或新能源标准，其他地区推广。

四、用地结构调整

《山东省新旧动能转换综合试验区建设领导小组印发〈全省落实“三个坚决”行动方案（2021—2022 年）〉的通知》（鲁动能〔2021〕3 号）提出，水泥行业效益标准为单位用地税收 0.075 万元 / 亩、单位能耗税收 0.042 万元 / 吨标准煤、人均主营业务收入 118.1 万元 / 人(省定标准)。

2021 年 5 月，《中共中央　国务院发布关于支持浙江高质量发展建设共同富裕示范区的意见》指出“坚持最严格的耕地保护制度和最严格的节约用地制度，严格规范执行耕地占补平衡制度，对违法占用耕地‘零容忍’，坚决有效遏制增量，依法有序整治存量，强化耕地数量保护和质量提升”。

山东省是国务院批复的新旧动能转换综合试验区，浙江是中共中央支持的高质量发展建设共同富裕示范区，分别提出了单位用地税收和坚持亩均论英雄的措施。

预测：单位用地税收和坚持“亩均论英雄”的措施经过实践和总结后将会在全国范围内推广。土地这一生产要素对于水泥工业来说约束性极强，今后用地结构调整这一措施将不断加快水泥行业产能布局优化、产业集中度提升、规模化大型化等产业结构调整的步伐，推动水泥工业的高质量发展。

水泥行业在严禁新增产能背景下，坚持以供给侧结构性改革为主线，进一步优化产业结构调整，适应能源结构调整，推进交通运输结构调整，重视用地结构调整，是实现碳排放强度和总量双重下降的重要工作。

（中国水泥协会副秘书长李琛）

建筑卫生陶瓷行业碳达峰路径研究

中国建筑卫生陶瓷协会

绿色低碳发展是对传统高碳发展的革命。绿色低碳发展不仅是能源系统的一次全面革命和转型，也是社会消费模式和生产方式的创新。人类将在一个世纪之内，从现在的化石能源时代转变为零碳能源时代，其对社会政治经济文化的影响，足以和化石能源取代原来的薪柴能源革命相比拟。煤炭以及其后的石油、天然气，通过蒸汽机、内燃机、电动机的发展和普及，形成了超级繁荣的景象，但同时高强度消耗有限资源，又高度干扰地球自然系统的清洁和修复。低碳转型和低碳发展，要用非化石能源，特别是可再生能源全面取代高碳能源，必将推动一次新的社会政治、经济、文化的革命，使人类走向和自然界更好地协调、相容的发展道路。

陶瓷是“火”与“土”的艺术，在陶瓷的生产过程中，需要消耗大量的能源和资源。建筑卫生陶瓷生产使用的能源由煤（包括煤制气、水煤浆）、轻柴油、重油，逐渐过渡到天然气、液化石油气，最终将全面实现电气化。所使用的资源主要是黏土、长石、石英等，原料配方中碳酸盐的含量非常少。因此，建筑卫生陶瓷行业碳排放的主要来源是化石能源燃烧。

一、建筑卫生陶瓷行业现状

建筑卫生陶瓷是国民经济的重要组成部分，是改善民生、满足人民日益增长的美好生活需求不可或缺的基础制品。

经过近 40 年的快速发展，目前我国已成为世界上最大的建筑卫生陶瓷生产国和消费国。我国建筑陶瓷的产量占世界总产量的 60% 以上，卫生陶瓷的产量占世界总产量的 50% 以上。建筑卫生陶瓷产量、消费量多年稳居世界第一。我国建筑陶瓷产品规格、花色品种丰富，创新性和个性化产品层出不穷，卫生洁具产品配套齐全。针对不同的市场消费层次，可以满足各类消费者对高中低档产品的需求。

2020 年全国规模以上建筑卫生陶瓷企业 1449 家，其中，规模以上建筑陶瓷企业 1093 家，生产线 2760 条，建筑陶瓷年产能 123.2 亿平方米，产量 85.69 亿平方米，产能利用率 69.6%。规模以上卫生陶瓷企业 356 家，隧道窑 318 条、梭式窑 786 座、辊道窑 9 条，卫生陶瓷产能 2.7 亿件，产量 2.17 亿件，产能利用率 80.4%。

二、行业碳排放情况分析

建筑卫生陶瓷生产阶段的二氧化碳排放，包括从原料入场到成品入库全过程的碳排放量。

建筑卫生陶瓷行业的碳排放主要包括三部分：

燃料燃烧排放：煤、煤制气、天然气、液化石油气等各种化石燃料燃烧产生的二氧化碳排放。

间接排放：各种设备运行中消耗的电能折合的二氧化碳排放。

过程排放：坯体烧成过程中，原料自身含有的碳酸盐矿物在高温下分解，释放出二氧化碳。

（一）基础分析

1. 建筑卫生陶瓷产量

近十年，建筑卫生陶瓷产量分别如图 1 和图 2 所示。

2011—2014 年，我国建筑陶瓷产量基本保持 3.3% ～ 5.5% 的增速；2014—2017 年维持在 100 亿平方米以上；之后以最高 11% 的降幅下降到 80 多亿平方米。

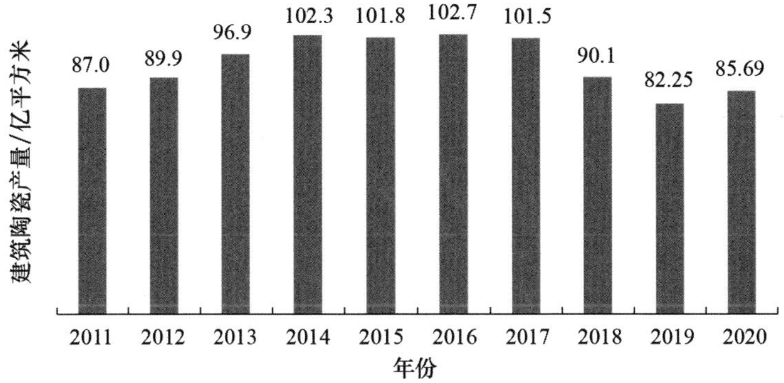

图 1　建筑陶瓷近十年产量

2011—2017 年，我国卫生陶瓷产量以年均 4.2% 的增速上升到 2.4 亿件（24018 万件），之后小幅度波动、下降。

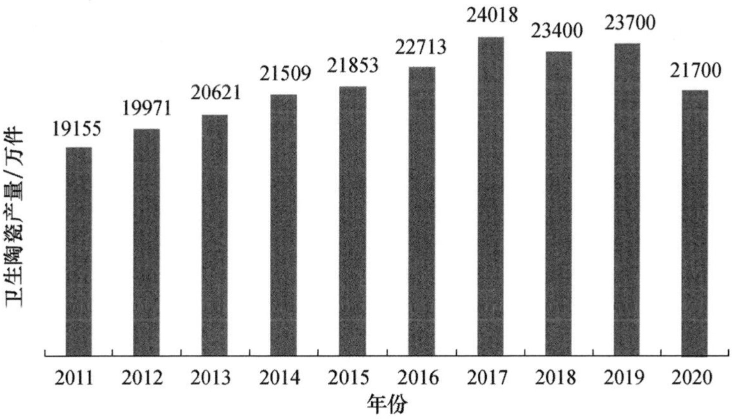

图 2　卫生陶瓷近十年产量

2. 能源结构

2020年建筑陶瓷行业能源结构如图3所示。建筑陶瓷行业所用能源主要是煤（水煤浆、煤制气等）、天然气（含液化石油气等）、电力和少量的柴油。煤和天然气主要用于窑炉和喷雾干燥塔，其能耗占总能耗的84%左右。电能的消耗主要是球磨、成形、传动、冷加工工序，占总能耗的15%左右。

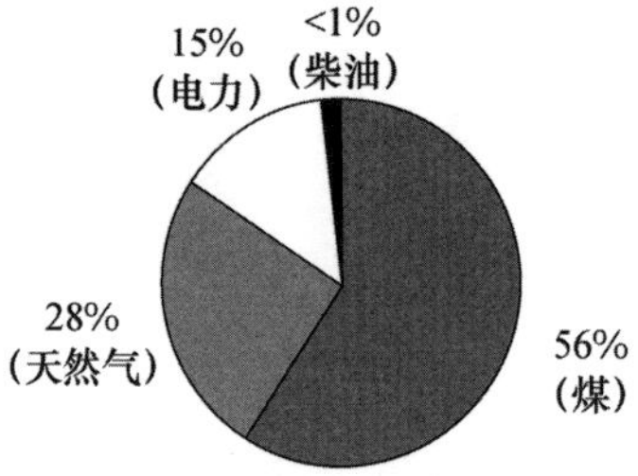

图3　2020年建筑陶瓷行业能源结构

随着近几年“煤改气”政策的推行，天然气在燃料中的比例逐年提升。到2020年，天然气占综合能耗的比例达到28%左右。

2020年卫生陶瓷行业能源结构如图4所示。卫生陶瓷行业所用能源主要是天然气（含液化石油气等）、电力和少量的柴油。天然气主要用于窑炉，其能耗占总能耗的79%左右。电能主要用于球磨、成形、传动等工序，占总能耗的20%左右。

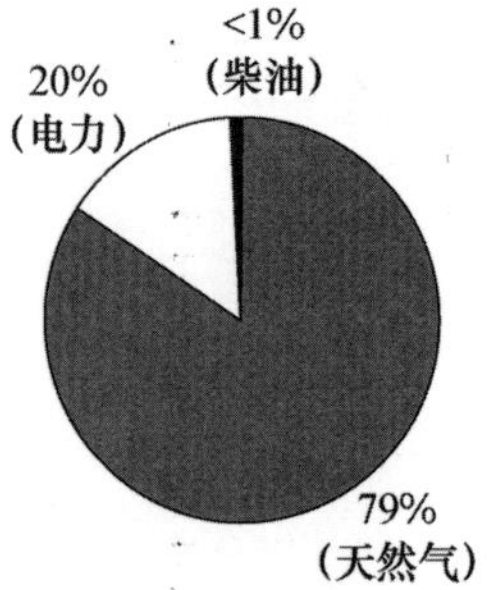

图4　2020年卫生陶瓷行业能源结构

随着自动化、智能化的机械装备在建筑卫生陶瓷行业的应用，用电量增大，电能在总能耗中的占比呈现上升趋势。

3. 过程排放

建筑卫生陶瓷主要原料是黏土、长石、石英等矿物，碳酸盐的量在原料中的占比在 2% 以下。由于碳酸盐的分解，容易造成局部开裂或针孔等缺陷，生产中会尽量避免使用含碳酸盐高的原料。因此，在建筑卫生陶瓷生产过程中，碳排放量非常低。

4. 行业碳排放量

根据测算，建筑卫生陶瓷行业二氧化碳排放量为 1.4 亿～2.0 亿吨，行业碳排放量占全国排放量的 2% 左右。2015—2020 年，建筑卫生陶瓷行业年均碳排放量为 1.68 亿吨二氧化碳。其中，建筑陶瓷产业碳排放量占比 96% 左右，卫生陶瓷产业占比 4% 左右。能源直接和间接碳排放占比 98% 以上，过程排放占比 2% 以下。

（二）预测分析

1. 建筑卫生陶瓷产量预测

根据建筑卫生陶瓷行业“十四五”发展指导意见，到 2025 年，建筑陶瓷（含岩板）产量为 90 亿平方米，卫生陶瓷产量为 2.6 亿件。按照中国建筑卫生陶瓷协会的预测，到 2030 年，建筑陶瓷（含岩板）产量回落到 85 亿平方米，卫生陶瓷产量回落到 2.4 亿件。

2. 用能强度预测

随着行业节能技术的进步，建筑卫生陶瓷单位产品综合能耗将在现有基础上进一步降低。但由于现有的节能技术已发挥到极致，所剩空间不多，需要开辟新的节能途径。同时，需要加强现有节能技术的开发及推广应用。

3. 能源结构预测

根据《能源生产和消费革命战略（2016—2030 年）》，2021—2030 年，可再生能源、天然气和核能利用持续增长，高碳化石能源利用大幅减少。因此，建筑陶瓷行业能源结构中天然气占比将进一步提升。由于卫生陶瓷企业已全部使用天然气（含液化石油气等），随着机械装备自动化、智能化水平的进一步提升，电能的消耗量增加，在能源结构中的占比提高，电能占比将进一步提高。

三、碳达峰判断与碳减排路径

（一）建筑陶瓷产业碳达峰判断与碳减排路径

按照预测进行测算，建筑陶瓷产业 2020—2025 年为碳排放量上升期，2025 年碳排放量达峰，通过节能降耗和能源结构调整，可使碳达峰峰值降低。2026—2028 年为震荡调整期，2029—2030 年为下降期，如图 5 所示。

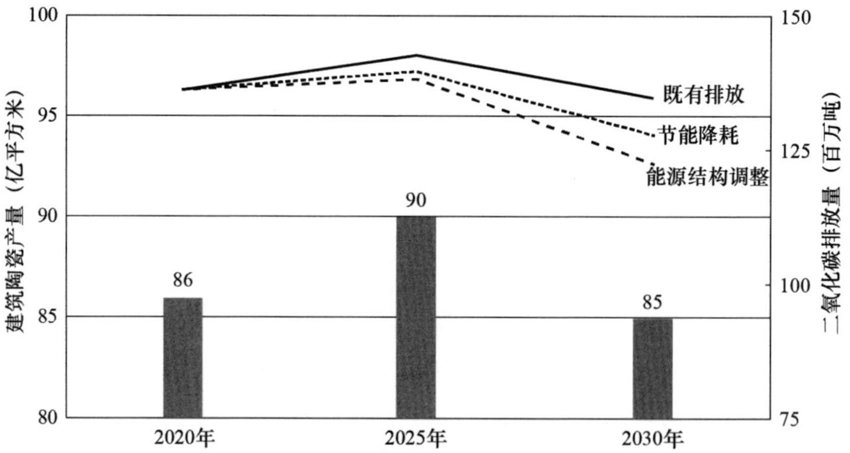

图 5　建筑陶瓷碳达峰预测

相对应的碳减排途径有如下方面。

1. 通过节能降耗，降低能源消耗量

需要加大建筑陶瓷干法制粉、连续球磨等技术、装备的推广使用力度；需要进一步提高窑炉的节能效果。

干法制粉工艺应用干式原料配混系统，采用立式磨机代替球磨机，增加除尘装置、斗提、造粒机等先进设备进行陶瓷粉料生产。通过替代原有的湿法工艺，省去了喷雾干燥塔，大大降低了能源消耗与碳排放，节能节地，高效生产。干法制粉技术经过不断改进，配合设备自动化、智能化，已经不再是传统意义上的制粉技术，而是一个全新的工艺和理念。陶瓷墙地砖干法制粉工艺及装备的研发，对实现建筑陶瓷工业的绿色制造、提升产业升级、节能减碳、实现可持续发展具有重要的现实意义。目前，干法制粉技术已取得重大突破，可用于低吸水率抛釉砖的生产，但还需要加强推广应用。

电烧辊道窑通过“气改电”技术的应用，从根本上改变了传统辊道窑对燃气的依赖性，不仅克服了层间的温度干扰，还能将其有效利用，成为提高效率、节约能源的一大助力。电烧辊道窑采用内热循环技术，可取得非常好的节能效果，能耗成本低于燃气窑。随着绿色电力的占比逐渐提高，未来，电烧辊道窑将成为建筑陶瓷产业节能减碳的主力军。目前，电烧辊道窑技术已完成中试，将在 2025 年建成示范线，并在 2030 年之后成为碳减排的主要路径。

建筑陶瓷产业碳减排技术路径如图 6 所示。

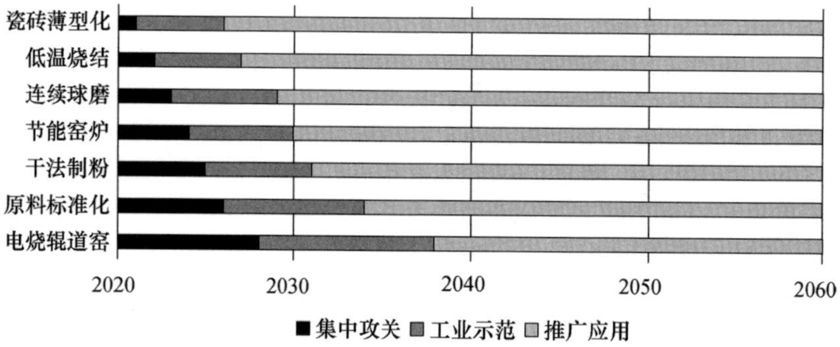

图 6　建筑陶瓷产业碳减排技术路径

2. 能源结构调整

进一步提高天然气在能源结构中的使用比例。通过屋顶太阳能光伏发电，使用绿色电力代替部分火电。

（二）卫生陶瓷产业碳达峰判断与碳减排路径

按照预测，2020—2025 年为碳排放量上升期，2025 年碳排放量达峰，通过节能降耗和能源结构调整，可使碳达峰峰值降低。2026—2028 年为震荡调整期，2029—2030 年为下降期，如图 7 所示。

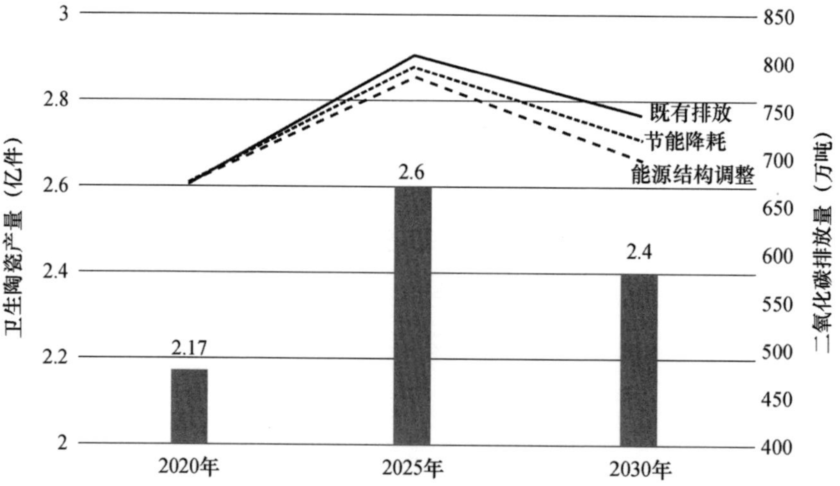

图 7　卫生陶瓷碳达峰预测

相对应的碳减排途径有如下方面。

1. 通过节能降耗，降低能源消耗量

加大高压注浆成形、低压快排水等工艺技术的推广应用力度，推动卫生陶瓷坯体 3D 打印技术、微波干燥技术的开发利用，进一步提高窑炉的节能效果。

3D 打印技术在小型器具上已经应用，而卫生陶瓷器型巨大复杂，实现 3D 打印尚无研究成果。卫生陶瓷 3D 打印需要结合增材技术以及打印核心技术的突破才能实现。此项技术一旦突破，首先，可以应用到卫生陶瓷产品的试件研发上，可极大缩短研发时间，对卫生陶瓷的传统研发手段将起到颠覆性作用；其次，实现卫生陶瓷半成品直接打印，不仅可以将卫生陶瓷传统成形的操作工人完全解放出来，还可以打破卫生陶瓷对黏土原料的依赖性，颠覆卫生陶瓷的传统原料。对于该项技术的研究，我国走在世界前列，有望在全球范围内率先实现突破，可为未来使用新型工业设计、成形技术打下基础，也可为推动卫生陶瓷整线自动化实现智能制造、绿色低碳打下基础。

微波干燥技术在卫生陶瓷领域的产业化应用是我国在全球范围内的首创，不仅解决了大型微波设备的安全使用问题，还利用了窑炉余热，在解决干燥合格率的同时完成了连续不间断工作的研发，达到了自动化、清洁生产与节能减排的目的。第一条生产线已于 2018 年开始应用，结束了国内 20 多年的卫生陶瓷能否使用微波干燥的争论，也为未来使用清洁能源打下技术基础，还为推动卫生陶瓷整线自动化实现智能制造、绿色低碳打下基础，需要行业大力推广。

卫生陶瓷产业碳减排技术路径如图 8 所示。

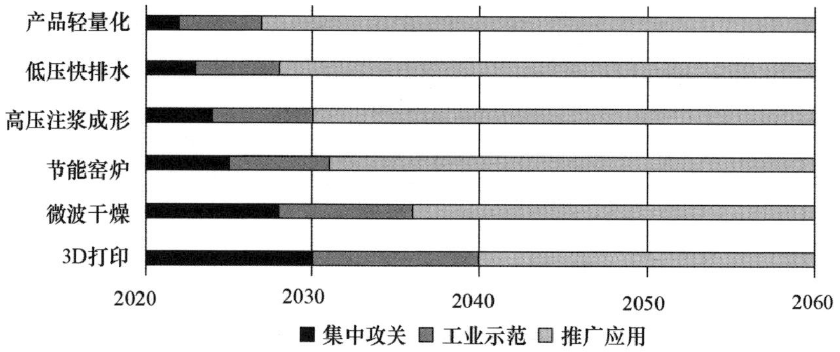

图 8　卫生陶瓷产业碳减排技术路径

2. 能源结构调整

通过屋顶太阳能光伏发电，使用绿色电力代替部分火电，进而实现卫生陶瓷产业的能源结构调整。

四、结语

建筑卫生陶瓷行业二氧化碳排放量为 1.4 亿～2.0 亿吨，行业碳排放量占全国排放量的 2% 左右。建筑卫生陶瓷行业碳减排是我国实现“3060”目标的重要领域。推动建筑卫生陶瓷行业节能减碳改造升级，加快节能降碳步伐，实现绿色低碳转型，助力国家总体实现碳达峰碳中和目标具有重要意义。建筑卫生陶瓷行业低碳转型将迈出更加积极、坚实和有力的步伐。

（中国建筑卫生陶瓷协会张士察）

我国砖瓦烧结制品行业的“双碳”之路

中国砖瓦工业协会

砖瓦烧结制品行业秉承了中华文明五千年的发展历程，铸就了我国灿烂的“秦砖汉瓦”的建筑文明和“砖之魂、瓦之魄”的建筑文化内涵和底蕴。我国砖瓦烧结制品行业作为墙体材料行业的主体，是我国建材工业的重要组成部分，是国家重要的原材料和基础工业。砖瓦烧结制品是工程建设不可或缺的材料，也是改善和保障民生、提高生活质量、保证建筑物品质和功能的重要物质支撑。

改革开放以来，我国砖瓦烧结制品企业的结构发生了重大变化。作为行业主体的国营砖瓦企业，约有 90% 退出了市场，取而代之的是民营和股份制企业。20 世纪 80 年代，在全国“大家办建材”的大背景下，砖瓦工业异军突起，企业数量快速上升；到 90 年代中期，已达到了 12 万家，但行业整体规模结构以中小企业为主；进入 21 世纪，随着我国工业化进程加快，特别是在国家墙材革新与建筑节能及保护耕地等政策的推动下，我国砖瓦行业企业迅速减少，到 2010 年，已减少到 7 万家左右。

近些年来，砖瓦烧结制品行业的供给侧结构性改革推动了砖瓦工业的转型升级和结构调整，特别是国家发展改革委《产业结构调整指导目录（2019 年本)》发布以来，行业大量淘汰落后产能，淘汰企业约 3.5 万家以上，提升改造企业近 2 万家，淘汰和改造企业率达 78.6%。目前，我国现存的 3.5 万多家砖瓦生产企业技术水平和装备生产能力大幅上升。与 2013 年相比，总产能只有小幅下降，生产企业减少了一半多，技术装备水平已接近国外发达国家一般水平。技术装备水平的提升使得行业固废综合利用水平大幅上升，砖瓦行业已成为我国最大的固体废弃物综合利用行业，年利用各类废弃物已超过 1.35 亿吨，年节约能源 3200 万吨标准煤以上。

目前，我国年生产烧结制品 8100 多亿块，总产量占世界总量第一，约占全球产能的 60%；规上企业目前约 3052 家，占总产量的 65.4%；其余为规下企业，占总产量的 34.6%。其中，黏土实心砖约 2000 亿块；空心制品 2800 多亿块（折标准砖），空心制品总产量是 2000 年 200 亿块的 14 倍之多；各种固废利用（建筑渣土等建筑垃圾、煤矸石、粉煤灰等各类大宗固体废弃物）、环保等新型墙体材料产品得到快速发展，年产近 6000 亿块（折标准砖）；烧结瓦 400 亿片。

3.5 万多家砖瓦企业中年产 5000 万块以上的企业约占 16%（约 0.5 万家），年产 3000 万～5000 万块的企业占 42%（约 1.5 万家），年产 3000 万块以下的企业占 42%（约 1.5 万家）。年产 5000 万块以上的中大型企业在逐年增加，年产 3000 万以下的中小企业呈逐年下降趋势。

砖瓦烧结制品广泛分布在全国各地，主要在二三线城市及广大农村地区。砖瓦产品的运输半径很小，一般为 50～100km，交通发达地区为 100～500km，砖瓦生产企业大多分布在这些应用市场的周边地区；但随着我国大数据物流配货的运用，运输成本急剧下降，水运已突破上述范围，砖瓦产品的运输半径已突破 2000km。

砖瓦烧结制品属于大宗粗陶产品，行业能源消耗主要是焙烧制品。我国砖瓦烧结制品行业焙烧以内燃烧工艺为主，随着砖瓦烧结制品行业固废综合利用水平的大幅上升，目前绝大部分企业的燃料为利用煤矸石、粉煤灰、炉渣、污泥及大宗废弃物中的废弃能源进行焙烧，少量为调整焙烧工艺外投补充燃煤、天然气等商品化石能源，极少企业补充生物质能源，废弃能源比率大约占80%以上，应用燃煤、天然气等商品化石能源的比率一般低于20%。由于砖瓦烧结制品是大宗粗陶产品，焙烧温度较低，行业大量应用煤矸石、粉煤灰及污泥等废弃能源，使得砖瓦行业燃料化石能源二氧化碳排放量从最高峰的1.5亿吨下降到目前的1322万吨，电耗612万吨当量，总计1934万吨[①]，是建材产业已统计的5个行业中产量最大、二氧化碳排放总量最低的行业。

目前，我国砖瓦烧结制品行业仍属于传统行业，大多数生产企业机械自动化水平较低，窑炉检测自控系统还未实现，仍处于人工操作的生产阶段，相对于快速发展的其他行业，砖瓦行业还属于较为落后的行业，与发达国家相比也存在较大差距。

同时，砖瓦烧结制品行业整体落后状况也使得行业产生巨大发展空间，节能减排，特别是碳减排，空间较大；加之砖瓦烧结粗陶制品的绿色相变性能，可有效提高建筑的碳中和性能。随着我国经济社会发展进入一个新的高质量发展期，特别是海绵城市建设、绿色墙材应用、美丽乡村建设、特色小镇建设、固废综合利用以及协同处置城市废弃物和建筑工业化进程加快，以及我国“一带一路”倡议和“双碳”政策的实施，砖瓦烧结制品行业将迎来重大发展机遇。

“双碳”背景下，砖瓦烧结制品行业将继续发挥绿色低碳优势，力争在行业率先完成碳达峰碳中和目标。为此，中国砖瓦工业协会将重点从以下几个方面开展工作。

---

① 此数据来源:《中国建筑材料工业碳排放报告（2020年度）》。

一、产业结构调整

根据工业和信息化部、生态环境部和国家安全监管总局三部委联合发布的《关于加快烧结砖瓦行业转型发展的若干意见》（工信部联原〔2017〕279号）文件精神，中国砖瓦工业协会已制定完成产业结构调整（产品）计划。推进行业转型升级、产业结构调整的重点工作集中在开发推广新型节能绿色墙体屋面材料等烧结绿色环保制品，大力推广集节能保温与装饰于一体、承重与保温于一体的多种烧结产品。协会将开始全面推广适合我国海绵城市、特色小镇、新农村建设、绿色墙材、固废综合利用、协同处置城市废弃物以及建筑工业化和部品化的高掺量、高孔洞率、高强度、多功能和自装饰的结构功能一体化地烧结多孔砖、空心砖、自保温砌块、复合保温砌块、清水墙砖、透水路面砖、烧结装饰砖、烧结部品部件及防水、防腐、防火、保温一体化的装配式墙材制品，恢复烧结制品作为环境修复功能材料和生态材料的应用，进一步推进此类烧结制品的应用和研发，推广具有绿色相变性能的粗陶材料砖瓦制品的产业延伸。

二、产业淘汰落后

根据工业和信息化部、生态环境部和国家安全监管总局三部委联合发布的《关于加快烧结砖瓦行业转型发展的若干意见》（工信部联原〔2017〕279号）和《推进砖瓦行业供给侧结构性改革打赢四个“攻坚战”的指导意见》（中建材联综发〔2017〕91号）文件要求，中国砖瓦工业协会将全面落实提升和优化产业结构、淘汰落后产能的各项计划和工作，全面提升砖瓦行业的核心竞争力，坚决淘汰落后的轮窑和自然干燥生产工艺，坚决关闭无组织排放大气污染物的落后工艺生产线，逐步推动行业自律及砖瓦行业管理规程等管理标准体系实施，提高行业准入门槛，推动砖瓦行业淘汰落后产能和实施错峰生产，加快落后生产工艺技术及装备退出市场工作；促进行业资源进一步整合，调整产业结构，加快遴选示范线和企业集团，全面开展试点示范企业服务工作，推动行业向制砖生产、“切码运”智能化、产品包装自动化为一体的智能制造方向发展，形成集产品研发、生产、应用和推广于一体的在全行业有影响力的大型企业集团，促进行业集团化、规模化的发展，推动砖瓦行业的产业聚集和升级换代。

三、产业技术改造与提升

在产业技术改造与提升方面，中国砖瓦工业协会借鉴“两个二代”成功的经验和做法，全力组织汇集行业大企业和科研院校进行科技攻关，瞄准国际水平对标，明确科技攻关和创新提升的技术、标准的内容和承担单位，组织行业力量攻坚，全面提升砖瓦行业技术装备水平；落实已发布的《砖瓦行业智能工厂评价》《砖瓦行业智能工厂通用要求》团体标准实施工作，推动砖瓦行业的智能制造技术、窑炉热工装备、运转智能装备、环境终端治理设备创新提升攻关方案的制订，完善推进智能制造示范线的落实；着力扶植一批重点装备企业研制、开发砖瓦产品部品化生产装备，推进砖瓦产品部品化开发及生产装备技术升级，加大支持重点生产企业建设成现代化的建筑部品化工厂；全面推进砖瓦工业大气污染物有效治理配套的脱硫除尘设施的开发和应用，加快砖瓦行业科技技术装备水平的转型升级；协调行业力量开展技术攻关和协同创新，在全行业开展符合住宅产业现代化的绿色生态烧结材料的建筑部品部件技术体系、标准化体系和部品部件产品体系的研究；强力推动以绿色生态烧结材料为主的装饰保温复合一体化墙体构件的发展，完善绿色生态烧结材料墙体构件的通用体系，推进绿色生态烧结材料墙体构件工厂化生产。

四、构建砖瓦行业碳达峰数据平台

行业是否有稳定的数字化信息数据系统是构建行业碳达峰碳中和工作的基础，构建中国砖瓦"互联网＋行业"的管理服务体系和网站、微信服务体系，推动行业开发应用"互联网及微信＋砖瓦技术""互联网及微信＋砖瓦艺术""互联网及微信＋砖瓦艺术＋现代建筑"等平台，逐步改变砖瓦行业传统经营模式，积极探索砖瓦行业互联网、大数据应用新的发展模式，推动行业经营模式的转变，可以大幅度节约物流、原料流、生产流的无效性或差异性，全面提高用能效率，加快建立并完善企业及行业内网、外网，形成内部一体化、外部社会化，从生产线、车间、工厂到企业，有步骤、分层次地实现数字化。做好智能技术改造，按照自动化、数字化、网络化、智能化的路径循序渐进，从产品、技术、业务模式等创新应用数字和智能技术才能保持企业的竞争优势，从数据采集、收集、传递、处理与应用，构建砖瓦行业碳达峰数据平台。

五、开发探索新能源的应用，优化用能及流程结构

积极探索氢燃料新能源替代传统化石能源以及资源综合利用等低碳前沿技术的研究、储备和应用，优化原有燃料结构，采用多能互补

模式，加快发展非化石能源，提高可再生能源的利用率，积极推进清洁能源替代传统化石能源，挖掘砖瓦工业减污降碳的技术潜力。

六、综合治理

根据已实施的《砖瓦行业大气污染防治攻坚战实施方案》，中国砖瓦工业协会已全面开展落实行业综合治理计划，着力用政策推动砖瓦产业节能减排和环保达标攻坚，严格控制生产原料、燃料的堆场、破碎筛分、输送及干燥焙烧等工段的颗粒物、烟尘的无组织排放，确保环保达标，淘汰落后生产工艺及装备技术，特别是轮窑和自然干燥等落后装备及生产工艺，促进砖瓦行业节能减排升级改造和结构优化，全力推动砖瓦行业的节能减排、污染物治理设施的科技创新和产业提升。

力争实现《砖瓦行业碳达峰行动方案》提出的在“十四五”期间，我国砖瓦行业综合能耗水平达到国家标准最高的一级水平（单位产品综合能耗降至44kgce/t），砖瓦行业总碳排放量再下降12%的总目标，把砖瓦烧结制品行业建设成为有较强可持续发展能力，与经济、社会和环境相协调发展的新型绿色产业。

（中国砖瓦工业协会秘书长周炫）

砂石行业绿色低碳发展探析

中国砂石协会

一、砂石行业发展现状

砂石是基础设施工程建设用量最大不可或缺的建筑材料。早期主要是开采河道的天然砂石资源，随着天然砂石资源逐渐减少，国家加强生态文明建设，基础设施工程建设所用的砂石主要是开采石矿对矿石进行物理加工，不使用煤炭，没有化学反应，故 CO_2 排放少。

经过多年大规模开采，天然砂石资源逐渐减少，近年来国内主要江河来沙量大幅下降，企业数量产量明显减少，造成区域性供需短期失衡，价格大幅上涨，低质砂石进入市场，增加基建投资和重大项目建设成本的同时，影响工程建设进度并带来质量安全隐患，亟须采取措施妥善解决。随着天然砂石资源约束趋紧和环境保护日益增强，机制砂石逐渐成为我国建设用砂石的主要来源，目前其比重已占到 80% 以上。

机制砂石生产已由简单分散的人工或半机械的作坊逐步转变为标准化、规模化的工厂，我国砂石骨料行业进入了高质量发展的新时代，但机制砂石行业还面临着质量保障能力弱、产业结构不合理、绿色发展水平较低、局部供求不平衡等突出问题。因此，砂石行业需要探索出一条既能保证经济持续稳定增长，又能实现碳减排的绿色低碳发展路径。

二、砂石行业碳达峰碳中和预判分析

通过加快形成绿色发展方式，统筹推进产业结构与能源结构调整，进一步优化砂石行业能源消费结构；开发和挖掘技术性减排路径和空间，探索砂石行业低碳排放的新路径；优化工艺技术，研发低碳混凝土技术、吸碳技术；加强对碳排放的源头控制，加快淘汰落后产能进程，结合行业和企业具体实际，采取有力措施，实现多产业协同降碳，协同构建循环经济产业链，发挥市场机制作用，整合企业资源，协同政府力量，推动社会参与，推动砂石行业早日实现碳达峰碳中和的目标。

到 2025 年，砂石产业结构、资源结构、运输结构明显优化；绿色产业比重显著提升，清洁生产水平持续提高；资源综合利用体系不断完善；关键瓶颈技术取得突破，绿色技术创新体系逐步建立；计划在 2023 年前砂石行业率先实现碳达峰。以绿色矿山、绿色工厂、绿色生产基地等为鲜明中国特色的绿色低碳管理体系基本成型。

到 2035 年，绿色发展内生动力显著增强，绿色产业规模迈上新台阶，资源利用效率达到国际先进水平，生态环境根本好转，破碎装备智能制造、智能矿山、5G 无人矿山等新一代技术应用更加成熟，矿山开采、加工、运输、管理等全流程、全过程数据融合、决策优化，绿色砂石供应链运营体系更加成熟，砂石行业绿色低碳管理体系取得实质性突破。

三、砂石行业实现“双碳”目标的行业指引

为了实现“双碳”目标的行业指引，砂石行业将优化产业绿色低

碳发展布局；对传统的高能耗装备进行改造，降低能耗；新建石矿采用高效节能装备，减少能耗；提高装备质量，延长使用寿命，减少一次材料的使用；对开采中的石矿进行“边开采、边复绿”；对开采后的石矿进行生态恢复，增加碳汇能力；对废弃石矿进行修复，恢复生态，增加碳汇能力；延伸产业链，减少转运环节；对于建筑固废、尾矿、废石进行再生，综合利用，减少原生石矿的开采。

实现“双碳”目标是党中央、国务院作出的重大决策部署，是一项重要的政治任务，需要切实提高政治站位，充分认识实现“双碳”目标的重要意义，需建立政府主导、行业齐抓共管、企业主体、人人践行的运行机制。抢抓机遇、真抓实干，为推动减污降碳、协同增效、绿色低碳转型发展，为深入打好污染防治攻坚战、推动实现碳达峰碳中和、建设美丽中国作出砂石行业重要贡献。

四、砂石行业减碳降碳的技术路径和方法

随着中共中央、国务院印发《关于完整准确全面贯彻新发展理念做好碳达峰碳中和工作的意见》，国务院印发《2030 年前碳达峰行动方案》等，要深刻认识实现“双碳”目标是一项系统工程，需要凝聚各方共识，强化要素集聚，形成工作合力；需要加强统一领导，建立工作机制；需要政府主导、企业主体、行业自律，形成上下联动、部门协同、齐抓共管的良好工作格局。

（一）政府层面

各地政府应调整优化砂石开发布局，制订石矿开采规划，提高产品保障能力，推动产业结构转型升级，打造绿色矿山，全面推进砂石

产业高质量发展。①做到四个坚持：坚持保护优先、坚持严格准入、坚持转变方式、坚持改革创新。②遵守五个原则：规划先行原则、生态优先原则、保护优先原则、政策到位原则、保障生产原则。③实现四化目标：集约化目标、规模化目标、智能化目标、绿色化目标。

在坚持规划先行的前提下加强合理布局，根据资源禀赋、基础设施建设市场需求以及物流条件等实际情况，科学核定县级城市、地级城市和省会城市的机制砂石企业数量，鼓励征求行业协会等智库意见，新增产能生产规模原则上不低于 100 万吨 / 年。全面推动绿色矿山建设，重组整合、规范市场秩序，加强依法依规开采，打击非法乱采乱挖，约束行业自律。

（二）行业层面

一是砂石行业应继续大力推进砂石矿山资源整合力度，优化产业结构，加快绿色矿山、绿色工厂、绿色生产基地等绿色低碳管理体系建设。大力推进绿色运输和集并中心建设，积极推荐采用国家鼓励目录的绿色先进技术、工艺和装备，强化资源循环利用，降低碳排放强度，推动砂石行业绿色低碳发展，鼓励全行业植树造林，增加碳汇能力。

二是继续加强清洁生产和提高资源综合利用水平，减少碳排放。按照相关规范标准，加大石矿企业废水和粉尘的治理力度，做好石粉、尾泥等回收处置和资源综合利用。认真落实《关于推进机制砂石行业高质量发展的若干意见》和《关于促进砂石行业健康有序发展的指导意见》相关要求，通过对砂石矿山进行“边开采、边修复”，采用矿山复绿等碳汇措施；通过采用新技术、新工艺和新装备及新型清洁能源的利用，通过对废弃石矿进行生态修复与延伸产业链，形成“砂石骨料 4.0+ 第一二三产业融合发展”的模式，增加砂石行业新的发展动能，最大限度地应用砂石矿山复绿和生态工业园区等碳汇措施，发挥砂石行业在碳中和工作中的优势。到 2025 年，培育 100 家以上智能化、绿色化、质量高、管理好的绿色砂石基地。

三是大力发展绿色技术，加强科技创新。科学技术已经成为促进我国经济社会发展和全面绿色转型的第一动力。绿色技术就是最大限度地降低消耗、减少污染、改善生态，主要涉及节能环保、清洁生产、清洁低碳能源、生态修复等领域，有利于实现人与自然和谐共生的新兴技术。砂石行业要大力发展短流程、低能耗、低排放的绿色技术和装备，采用新型凿岩穿孔技术，鼓励绿色生产和绿色运输。推进智能矿山、数字工厂、人工智能、大数据、物联网、工业机器人、数字孪生、5G 等新技术应用，实现矿山开采、加工、运输、管理等环节全流程、全过程数据融合、决策优化，形成绿色砂石供应链。砂石企业在条件允许的情况下，采用错峰生产，尽可能利用夜间低谷电生产，做到科学用电。

四是加快技术设备升级，推广应用新技术、新设备。研发攻关并推广使用智能、高效、环保的技术装备，加大清洁能源使用比例，重点支持石粉、废石等资源化利用关键技术与装备的研发，并加速其产业化进程。通过产业政策、标准规范、加强行业自律等手段，淘汰落后、耗能高、环保不达标、综合利用效能低的落后设备和工艺。根据矿山实际，尽最大限度地应用风能、光伏发电与下行物料输送皮带势能发电技术，节约能源。调整优化产业产品结构，推进绿色低碳产品的研发、生产与应用，提高行业绿色低碳发展水平。

（三）企业层面

按照全生命周期的理念，在矿山设计阶段，系统考虑装备制造、生产、转运、物流等各个环节实施绿色化，使矿山运营在全生命周期中降低对资源环境的不利影响，探索实施新的绿色发展模式。

1. 在装备制造阶段实施绿色化

一是装备设计绿色化。在设计阶段要考虑结构的易拆解、易回收、易修理，适应对废旧机械装备的回收、再制造的要求。二是工艺材料绿色化。取代给环境带来污染、威胁人体健康的传统工艺材料。三是制造工艺绿色化。应用零件精确成型绿色制造工艺技术，可减少加工工时，实现节能降耗的目标。四是产品包装绿色化。采用面向环境的产品包装设计、材料和结构，使包装废弃物易回收处理，实现资源消耗和产生废弃物最小化。五是处理回收绿色化，采用废旧零部件再制造技术，解决机械设备零件的磨损、裂纹、疲劳、损伤等失效问题。

2. 在生产开发阶段实施绿色化

一是采用清洁生产工艺、技术和设备，尽可能减少污染的产生，提升行业清洁生产水平,形成绿色生产方式。二是使用电能等清洁能源，减少燃油废气排放对环境的影响；采用新型储能技术，利用输送物料势能发电，节约电能。

3. 在运输阶段实施绿色化

一是短距离运输，可采用新能源CNG（压缩天然气）、LNG（液化天然气）车辆或采用皮带管廊运输。二是中长距离运输，使用吨包、集装箱运输成为新的趋势。三是长距离运输导致燃油机综合排放指标高，因此，燃气发动机货船是未来的发展趋势。

4. 在物流阶段实施绿色化

一是合理规划仓储和码头布局，利用已有的社会物流资源，建设陆路、水路大型绿色集散和物流中心。二是推进机制砂石中长距离运输“公转铁、公转水”，减少公路运输量，增加铁路运输量。三是大力发展集装箱铁公联运，切实提高机制砂石运输能力。四是加快建设封闭式运输皮带廊道，逐步减少散货露天装卸量。五是利用信息化手段对砂石运输实现全程监管，构建绿色物流和绿色供应链。

5. 实施生态环境修复

一是在矿山前期建设阶段做好建设工程的表土剥离、堆放工作，为后期治理工程预留足够耕植土。二是做好采场排水工作。矿山露天开采造成了地表植被破坏和土层松动，应做好水土保持工作。三是做好露天采场高陡边坡危岩、浮石清除工作。爆破作业致使采场局部工作面产生一定规模的危岩、浮石，应予以清除，消除隐患。四是开展土地复垦工作。复垦对象为堆土场、采场平台、建构筑物、破碎加工场地和矿山道路除少量保留用于林业管护外，其余均予以复垦、复垦土地类型为林地。五是开展植被重建工作。在复垦的林地上栽种适宜本矿区生长的乔木、草灌和藤本植物；在采场平台上覆土，栽种藤本植物，利用藤本植物上爬下挂的特点遮盖采场高陡边坡。排土坝、截水沟、拦渣坝等边沿“宜草则草，宜树则树”。六是开展矿山地质环境监测工作。建立一定数量的监测点。监测矿区土地、植被资源的占用和破坏情况，监测矿区水土流失状况，监测采场终了边坡、排土堆边坡、矿山道路边坡的稳定状况。

砂石企业应根据行业发展要求，结合实际情况，持续推进绿色低碳转型发展，需重点在以下几个方面做出努力：一是要持续调整和优化产业结构，进行绿色布局。二是要加强绿色低碳技术与装备的研发和应用。三是要逐步使用风能、太阳能等新型清洁能源。四是要加大尾矿、废石、石粉、泥土、建筑固废、废旧设备、耐磨件等的循环使用。五是要加快砂石绿色矿山、绿色工厂、绿色基地、绿色园区、绿色供应链等一体化建设。六是要对矿山进行“边开采、边修复”、植树造林，进而提升生态系统碳汇能力。

五、减碳降碳案例

（一）项目概述

图1　矿山厂区现状

神山石灰石矿位于池州市西南方向约37km处，矿权范围面积4.73km^2，资源储量约19.08亿吨，如图1所示。矿山分期建设，一期建设规模3500万吨/年，二期建设后规模达到7000万吨/年。矿山服务年限30年。

矿山将碳达峰碳中和任务目标进行层层分解落实并配套各项响应机制，监督各项工作的实施。根据矿体开采技术条件，选用高效率、低能耗的工艺技术和装备，多用大型化、自动化电液驱动设备和散装物料连续运输设备，优化开采、运输、加工、堆存等工艺流程和设置配置，提高综合利用率，做到“吃干榨净”。

（二）减碳降碳创新举措

1. 电动矿卡

在国家需求导向及碳中和碳达峰战略引领下，汽车全产业“电动化”也在持续推进和深入，燃油重卡转型电动化引起越来越多的重视。

砂石矿山开挖运输场景相对封闭且路线较为固定，非常适合纯电动矿卡的使用和推广。加快推动纯电动矿卡在矿山开采中的应用，是践行“两山理论”、打赢蓝天保卫战、促进新旧动能转换的具体行动，也是提升矿山整体形象、促进绿色建材高质量发展的重要举措。神山石灰石矿一期原布置有近 80 台自卸燃油矿卡，目前已完成 30% 电动矿卡的替换，如图 2 所示。

图 2 矿山电动矿卡使用

与传统柴油矿卡相比，纯电动矿卡具有零排放、无污染、节能环保、使用成本低等优势。电动矿卡采用“动力电池 + 双电机 + 变速箱”的纯电动技术，高效运输作业，实现真正“零排放”。燃油矿卡日均耗油 800L，电动矿卡日均电耗 2240（kW · h），电动矿卡综合经济成本节省超过 41%。采用电制动能量回收技术，能将下坡的制动能量回收至电池，实现电能的一部分循环利用。下坡最大节省能耗 80%，上坡最大节省能耗 40%，提升运营效益。同时，纯电动矿卡采用电控系统，更容易实现设备的智能化改造，为数字砂石矿山建设赋值、赋智、赋能。

凭借在能耗和作业能力方面具备的显著优势，电动矿卡替代传统燃油矿卡将成为行业潮流。未来，新型清洁能源运输车的研发与应用将促进企业完成能源、产业、交通运输的结构调整，推进新旧动能转换和综合智慧能源产业发展，为企业节能减排，为“绿水青山”新建设注入强大动力。

2. 压缩空气储能凿岩

神山石灰石矿采用“CD568Y 重力潜孔钻 + 电动集中高压远程送风”方式进行穿孔施工，该工艺能够最大限度利用能量，减少远距离送风损耗，具有穿孔效率高、能量损失少，无尘且环保的特点。

矿山全年凿岩穿孔进尺 150 万米，集中组合式高压压缩空气供气站建设有 $400m^2$ 压缩空气净化无尘车间，压缩空气储能输气管道 8000m、新型储能配气管道 5000m，覆盖全部采场，供应近 40 台多功能凿岩机同时施工，总电功率 2800kW，总产气量为 $300m^3/min$，压力 2.5～5.0MPa；油动力钻机全年油耗 $1.5\times10^6m\times2.0L/m$，合计为 300 万升 / 年，按现行油价 7 元 / 升，则每年总油价为 2100 万元。电动力钻机全年电耗 $1.5\times10^6m\times6$（kW · h）/m，等于 9×10^6（kW · h）/ 年，按现行电价 0.8 元 /（kW · h），那么每年电价为 720 万元，“油改电”后预估能源费用下降 65%，碳排放量减少 870t/ 年。

图 3　压缩空气储能（CAES）空气站

该技术以电动力高压集气、储能输气、成网配气采矿的方法，实现用清洁能源替代化石能源穿孔爆破。采用压缩空气储能技术，实现凿岩过程中的能量回收，达到节能降耗。“集中供气”后，使得大型钻机小型化，钻机质量下降 65%，能耗下降 30%，清洁能源利用率达 90%，解决了大型露天矿山大量使用石化能源以及使用过程中高能耗、高排放的问题，大型电动牙轮钻带来的架电网、高投入、高耗能、高风险的问题，和干法潜孔凿岩粉尘控制难题。压缩空气储能（CAES）空气站如图 3 所示。

3. 大型溜井平硐联合开拓运输

神山石灰石矿采用直径 8000mm、深度约 280m 的超大断面超深竖井开拓输送方式。沿矿体走向由东向西平行布置 4 条 ϕ 8m 溜井，溜井间距 620～800m。溜井底部设粗破碎硐室，破碎后的矿石通过胶带运输至加工区。破碎硐室布置在胶带平硐端部，胶带机平硐作为安全出口和出口巷道，硐室另一端与运输平硐相通，作为安全出口和进风巷道。

砂石矿山大多为山坡露天矿床，其比高一般为 200～700m，依据矿山地形地质条件，选择“溜井平硐开拓系统、矿石自重运输方式”是砂石矿山独具的优势，如图 4 所示。这是对比高且大的山坡露天矿床开采的一种行之有效的开拓方案，是砂石矿山节能方案的重要选择。据初步统计，采用矿石自重运输方式的矿山已达 100 余个，遍布全国各地。以神山石灰石矿年产量 7000 万吨的矿山为例，据测算，仅以利用高差 200m 计，选择矿石“自重运输”比“汽车运输”时，1 年可少耗油料（柴油、机油）达 1.2 万吨、节省大型汽车轮胎 5000 套、少配置 40 吨汽车 150 辆。

图 4　矿山溜井平硐开拓运输系统

4. 短流程加工和“无废矿山”

矿山选用单段破碎筛分和骨料整形的加工工艺，采用模块化生产模式。破碎采用新型单段锤式破碎机，具有产量高、破碎比大、粒型好的特点。新型单段锤式破碎机可一次性将原矿破碎至成品料粒度（31.5mm 以下占 80%），工艺以多筛少破为主，流程简短稳定，而旋回破碎机仅作为粗破，后端需配置二三次破碎，工艺烦琐复杂。新型单段锤式破碎机结构简单新颖，便于维护检修，大大降低了工人劳动强度，而旋回破碎机结构复杂，外形笨重，不便于维护检修。新型单段锤式破碎机两端配置飞轮，运行惯性大，电机工作效率 75%，1960kW 单位时间耗电 1470（kW · h），比同类产品节能 50% 以上，破碎一吨石料仅需 0.5（kW · h）。单段破碎筛分工艺车间如图 5 所示。

图 5　单段破碎筛分工艺车间

矿石主要加工为建筑骨料和机制砂，剥离表土大部分用于土地复垦和生态修复，小部分与石粉、泥石屑等作为水泥生产原料，全封闭作业，定点收尘。矿山开采不产生废石、尾矿，资源综合利用率达到 100%。矿山建有雨水回收和废水处理系统，经分离处理，做到 100% 循环利用。通过精细加工，分类堆存和销售，做到了废料的“吃干榨尽”。

5. 物流廊道运输

矿山采用绿色物流廊道将生产的成品混合料输送至码头，廊道全程采用全封闭、降噪、除尘等措施，该输送方式避免了汽车运输造成的道路破坏和环境污染。严格控制运输过程中的扬尘污染，实现无撒落运输。

物流廊道采用单线单条长距离带式输送机运输物料，总长 12.9km，物料输送能力 13000t/h，带宽 2.4m，带速 5m/s，这种超宽、超长胶带机，综合规模属国内领先。同时根据现场实际地形及地域空间条件，充分利用带式输送机的性能特征，采用直线和 3 段弧线结合的线型，其中两段的转弯半径为 3000m，一段转弯半径为 2900m。物流廊道长距离运输如图 6 所示。

图 6　物流廊道长距离运输

若采用汽车运输，道路综合运输距离约27km，每小时650车次，造成道路破坏、交通拥堵，安全风险大；且撒料、漏料、扬尘、尾气，造成环境污染。而长距离胶带机物料输送综合距离约13km，节能环保、无噪声污染，实行物联网智能化监控，安全管控程度高，年减少碳排放约2万吨。

（三）发展方向

绿色低碳生活是一种理念也是一种态度。加大产业结构转型的强度和力度，以数字化来推进低碳化；充分节约资源，发展循环经济；做好能源替代，建设近零排放的能源体系等措施有利于实现“双碳”目标。

神山石灰石矿将结合自身特点，发挥超大型项目的优势，通过加工生产过程中的减碳降碳，遵循建材行业“宜业尚品、造福人类”发展新理念，为国家总体实现碳达峰碳中和目标，发挥行业龙头企业应有的作用。

（中国砂石协会会长胡幼奕、副秘书长杨晓东）

绝热材料行业碳达峰贡献方案

中国绝热节能材料协会

一、绝热材料行业现状

绝热材料是保温和保冷材料的统称，是一类能阻滞热流传递，减少结构物与环境热交换的功能材料。以减少热量损失为目的、平均温度不大于 350℃、热导率不大于 0.12W/（m · K）[①] 的材料为保温材料；平均温度低于 27℃、热导率不大于 0.064 W/（m · K）的用于保冷层的绝热材料为保冷材料。

新型城镇化的加速发展和建设，助推了绝热节能材料产业规模体量的发展速度，我国已形成了全球最大的绝热节能产品生产能力，同时拉动了上下游相关配套产业。特别是近十几年来，产业规模、销售收入呈几何级增长，绝热节能材料产量从 32 万吨增加到 700 多万吨，销售收入从 5 亿元增加到 1000 余亿元，增长了 200 多倍；产品门类从几个品种发展到十几个品种。中国已成为世界上最大的绝热产品制造和加工能力的国家之一，在工艺装备制造、技术工程服务等方面取得了巨大成就。

按照化合物材质不同，绝热材料通常包括无机非金属绝热材料、有机绝热材料及无机－有机复合绝热材料。目前常用的绝热材料有：岩

---

① 1°C =274.15K。

矿棉制品、玻璃棉制品、硅酸铝纤维毯、泡沫玻璃制品、真空绝热板、气凝胶、热熔渣棉板或粒状棉、硅酸钙绝热制品、保温用有机材料（酚醛泡沫塑料制品、硬质聚氨酯泡沫塑料、柔性泡沫橡塑制品、聚苯乙烯泡沫塑料制品)、保温装饰一体板、矿物棉装饰吸声板等。

绝热节能材料行业为我国的国民经济建设在节约能源、改善生态环境等方面作出了重大贡献，成为建设资源节约型、环境友好型社会不可或缺的新材料产业。

二、行业碳排放情况分析

绝热节能材料行业的碳排放主要是以燃料燃烧为主的二氧化碳排放，其中岩矿棉、玻璃棉、硅酸铝纤维三个行业的能耗较高，二氧化碳排放量较多，主要分为化石能源燃烧排放和工业用电间接排放。下文分别加以分析。

（一）岩矿棉及其制品

2020 年我国岩矿棉产能合计超过 780 万吨，生产线超过 400 条，产量约 380 万吨，与 2019 年产量基本持平。按照行业平均水平，每生产 1t 岩矿棉产生二氧化碳 1.1t，焦炭、天然气以燃烧直接排放为主，电力间接排放为辅。

2015—2020 年岩矿棉及其制品行业产量见表 1。

表 1　2015—2020 年岩矿棉及其制品行业产量　　　（单位：万吨）

产品名称	2015 年	2016 年	2017 年	2018 年	2019 年	2020 年
岩矿棉及其制品	205	224	281	340	340	380

（二）玻璃棉及其制品

据不完全统计，2020 年全国共有玻璃棉生产线近 110 条，年产量近 100 万吨，预计全年产量接近 100 万吨，其中无甲醛玻璃棉 1.5 万吨，企业数量约 42 家。2020 年由于受新冠肺炎疫情影响，大部分工厂开工普遍推迟 1 个月左右，同时由于往年累积的玻璃棉市场产能过剩，原材料和人工成本上升，企业的市场预期和信心受到较大影响，开工率进一步降低。按照行业平均水平，每生产 1t 玻璃棉可产生二氧化碳 1t，天然气以直接燃烧为主，电力间接排放为辅。

2015—2020 年玻璃棉及其制品行业产量见表 2。

表 2　2015—2020 年玻璃棉及其制品行业产量　　（单位：万吨）

产品名称	2015 年	2016 年	2017 年	2018 年	2019 年	2020 年
玻璃棉及其制品	64	66	76	80	85	95

（三）硅酸铝纤维及其制品

目前国内有硅酸铝纤维及其制品各类生产线 250 条，总体产能在 100 万吨左右，2020 年前三季度产量 50 万吨，总体产能有所增长，产量有所增加。产能主要集中在山东省、河北省、内蒙古自治区、河南省、新疆维吾尔自治区等地，山东省今年新上较多小生产线，集中了全国近 50% 的产能，市场竞争加剧。每生产 1t 硅酸铝纤维及其制品可产生二氧化碳 2.3t，主要以电力间接排放为主，天然气燃烧排放为辅。

2015—2020 年硅酸铝纤维及其制品行业产量见表 3。

表 3　2015—2020 年硅酸铝纤维及其制品行业产量　　（单位：万吨）

产品名称	2015 年	2016 年	2017 年	2018 年	2019 年	2020 年
硅酸铝纤维及其制品	34	34	42	50	52	55

2020 年三个产业的二氧化碳排放总量为：380×1.1+95×1+55×2.3=639.5 万吨。

三、行业碳达峰面临的形势、机遇与挑战

我国力争 2030 年前实现碳达峰、2060 年前实现碳中和，是党中央经过深思熟虑作出的重大战略决策，事关中华民族永续发展和构建人类命运共同体。节约能源是我国的一项基本国策，也是实现国家碳达峰碳中和重大战略目标的重要支撑。能源节约主要包括建筑节能和工业节能，以建筑保温和管道及热工设备的保温隔热为主要方面，二者的实施都离不开绝热节能材料的应用，随着国家节能标准的不断提高，绝热材料的应用和发展也将步入发展快车道。

绝热材料属于建筑材料的一个分支，生产设备有熔制窑炉等热工设备，需要化石能源的燃烧来保证生产线的正常运行。由于能源燃烧会产生二氧化碳的排放，随着国家环保政策的不断加码，排放要求越来越严苛，企业的生产受到较大制约。

绝热节能材料虽然生产过程有碳排放发生，但是其应用过程可以减少能源消耗，减少碳排放，据测算，节能工程中应用 1t 岩矿棉，可以节约 1.5t 标准煤，可以减少二氧化碳排放 5.5t，减碳效果非常显著。

四、未来主要消费产品预测

行业发展随着整体国民经济的发展而发展，房地产及固定资产投资的增量降低，在经济下行压力下，绝热节能材料行业面临局部产能过剩，需求增速降低，行业企业除了开拓增量市场之外，行业产品应在存量基础上进行市场开拓，在已有设施更新换代上下功夫，分析需求特点，制订合适的产品策略。据估算，既有建筑保温层完善每年需要保温材料 500 万吨，既有建筑市场的改造需求超过每年的新增需求。新建建筑的节能保温需求随着节能标准的提升，绝热材料的需求量也必将同步提升；长距离高温管道的保温节能计量标准推出，管道节能要求提高，必将增加绝热材料的需求量。

预计到 2025 年，岩矿棉需求量将达到 420 万吨，玻璃棉产量超过 140 万吨，硅酸铝纤维制品产量达 80 万吨。

按照应用 1t 保温材料节能减碳 5.5t 测算，可以节约碳排放 3520 万吨。所以希望保温材料的用量在有效利用的情况下越多越好。

五、行业碳达峰预测研究

绝热节能材料行业与国民经济建设的发展密切相关，随着房地产建设达到顶峰，既有建筑的改造年施工量处于常态，工业节能常态化运行，绝热材料的应用量将维持在高位运行，预计 2035—2040 年达到行业生产的高峰，二氧化碳排放量也同时达到峰值。

六、行业碳减排实施路径

（1）协会积极配合并推动国家的政策实施，引领并号召企业投资新的工艺装备，进行技术升级改造，通过技术提升、规模化生产，降低产品的单位能耗，降低二氧化碳排放。

（2）标准制定。积极配合政府部门制定岩矿棉、玻璃棉、硅酸铝纤维毯以及相关绝热节能产品的能耗标准；积极开展团体标准的制定工作，特别是完善各类产品在生产中的能耗标准制定工作，真正使绝热节能材料行业的节能减排工作落到实处。

（3）协会协助国家相关部门淘汰行业落后产能，增加先进技术产能占比，降低行业整体能耗，进而减少碳排放。

（4）随着太阳能和风能的推广，我国化石能源消耗量将逐年降低，从而推动行业采用“电代煤”工艺技术生产产品以减少二氧化碳的排放。

（5）加强企业的能源管理，通过先进的节能技术理念、合适的能源选择以及用能控制系统，合理配置企业生产线用能，发挥企业最大节能潜力；着手生产企业的系统诊断，升级换代节能设备，升级软件控制系统，实现设备运行的优化以达到节能效果。

七、保障措施与政策建议

（1）国家政府相关部门出台鼓励先进、淘汰落后的政策，以促进行业技术升级和落后产能的推出。

（2）行业协会联合行业相关科研院所，通过国家的政策资金支持，建立行业技术研究院，研发行业的关键共性技术、卡脖子技术，大力推动行业的技术升级。

（3）人才是行业发展动力，是企业发展的支撑，加强企业管理人才、技术人才培养，促进企业管理水平提升、技术人才的凝聚，带动行业整体人才水平的提升，促进行业技术升级，从而促进节能减排。

（4）国家大力推动建筑节能和工业节能，推动绝热材料的应用和推广，增加绝热材料的应用量，高质量地应用绝热材料。

八、案例：铁合金热熔渣节能降碳案例分析

绝热节能材料行业内的矿棉制品是将高炉渣添加少许天然矿石，采用立式熔制炉熔制经过离心机成纤，制成矿物棉纤维，矿物棉可以制作粒状棉和隔热板材等矿物棉制品，广泛应用于建筑的隔声材料、保温材料以及工业设备的保温等。

矿渣棉原采用冷渣生产，需要消耗大量的能耗，目前行业内企业积极利用合金热态熔渣经过电炉保温、离心机成纤制作粒状棉和矿棉板材。利用热熔渣的潜热生产矿棉纤维可以节约大量能源，同时减少冶金矿渣的堆存，真正达到节能减排的效果，间接减少大量二氧化碳排放。

冶炼铁合金企业为消除冶炼的废渣并实现对其综合利用的目的，通过技术创新和研发实现了利用液态热熔渣（1400～1450℃）、采用电炉生产工艺、应用岩矿棉后续生产线组织生产铁合金热熔渣矿棉和制品，铁合金热熔渣矿棉相比冷矿渣生产可节约能源40%～60%。

就目前的行业发展现状，在短短近10年的时间，产能达到100万吨的能力，其中，矿渣棉产能达到60万吨左右，粒状棉产能40万吨左

右。利用铁合金热熔渣生产矿棉的企业主要分布在山西省、山东省、云南省、河北省、宁夏回族自治区、内蒙古自治区、上海市等地。

据测算，采用热熔渣工艺生产热熔渣矿棉的单位产品平均能耗为129kgce，冷渣矿物棉的单位平均能耗在390kgce，利用热熔渣生产1t矿棉产品可以节约能源261kgce，每年生产100万吨可以节约标准煤26.1万吨，按照目前吨标准煤可以排放二氧化碳2620kg，采用热熔渣生产矿棉每年可以减排二氧化碳68.38万吨。

（中国绝热节能材料协会符敬慧、韩继先、刘亚丹、杨静、鞠丽）

建设负碳产业　贡献石材力量

——“双碳”工作的目标与途径

中国石材协会

实现碳达峰碳中和，是以习近平同志为核心的党中央经过深思熟虑作出的重大战略决策，事关中华民族永续发展和构建人类命运共同体。为此，中国建筑材料联合会也发布了《全力推进碳减排 提前实现碳达峰——推进建筑材料行业碳达峰、碳中和行动倡议书》，对建材行业整体推进“双碳”工作提出了思路和要求。石材行业作为资源型产业，其对矿山资源的直接开发利用，具有物理冷加工工艺特点和“吃干用尽”的特性，通过绿色发展、融合发展，可以深度融入碳达峰碳中和工作中。石材行业将通过推广节能技术装备、提高固废循环利用水平、引导园区和矿区分布式光伏发电、加快矿山生态修复和绿化等，多措并举，开展“负碳”产业课题研究，推进石材产业“负碳”建设，创建“负碳”工厂、“负碳”矿山，把石材产业发展成为“负碳”产业，为“双碳”目标的实现，贡献石材行业的力量。

一、石材行业基本情况和产业特点

石材行业属于资源型产业，采用锯解、切割、抛磨等物理工艺，只产生废石、废渣、石粉、锯泥、废水和噪声，几乎没有直接污染气体排放。行业的碳排放量仅占建材工业二氧化碳排放量的 0.2% 左右，几乎可以忽略不计。

绿色发展理念是以人与自然和谐为价值取向，以绿色低碳循环为主要原则，以生态文明建设为基本抓手。石材行业直接开采天然资源、采用物理切割工艺的产业特点，更容易通过科学规划、合理布局、规范开采、清洁生产来践行绿色发展理念。同时，通过矿山生态修复和绿化，进一步提高行业绿色发展水平，可为碳中和贡献出较大力量。

在石材产业链中，传统认为天然石材矿山开采业和板材加工业是石材产业的主体，而现在人造石生产企业主体越来越多。石材产业的固废，更适宜发展循环经济，除生产人造石材外，还可生产机制砂石、环保砖，作混凝土掺和料、水泥生料校正原料等。大理石等钙质石材，其生产的碳酸钙粉又可用于造纸、塑料、橡胶、医药、食品等多个行业，做到“一石多用，物尽其用”。石材产业融合发展的业态和模式，符合国家生态文明建设方针，是实现循环经济的最佳途径。

石材产业采用冷加工开采和加工工艺，是低碳环保型产业，万元产值综合能耗仅为 0.3 吨标准煤，在临矿产业园模式下，仅为 0.2 吨标准煤。生产过程中，除产生石粉、锯泥、废水外，没有含二氧化碳、氮氧化物等的废气排放。近年来，石材行业经过转型升级，清洁生产水平大幅提高。加工车间多采用全封闭方式，并安装水雾降尘或收尘系统；矿区和厂区的生产废水通过集中、沉淀、脱水等工艺，分离出废渣和锯泥，经处理的废水则循环利用。目前，多数石材企业达到了电耗指标不大于 20（kW · h）/m^3（综合能耗 2.58kgce/m^3）、生产废水回用率不小于 95%、生产车间内颗粒物浓度不大于 10mg/m^3 的标准。

二、石材行业“双碳”目标实施路径

大力推进石材矿山资源整合力度，优化产业结构，通过标准引领和规范石材行业绿色矿山、绿色园区、绿色工厂、绿色供应链、绿色产品等建设绿色体系。

推进清洁生产，提高资源综合利用水平，减少碳排放。按照相关规范标准，加大石材加工企业污水和粉尘的治理力度，做好石粉、废渣等废弃物的回收处置和资源综合利用。

加大科技投入，加强科技创新，研发攻关并推广使用智能、高效、环保的技术装备，加大清洁能源使用比例，重点支持石粉、石渣的综合利用等关键技术与装备的研发，并加速其产业化进程。

通过产业政策、标准规范、行业自律等手段持续淘汰落后，彻底淘汰耗能高、环保质量不达标、综合利用效能低的落后设备和工艺。推进石材产业“两化”融合，加快行业由粗放型向精细化发展的转变，提高行业绿色低碳发展水平。

加快技术升级和产品升级，调整优化产业产品结构，推进绿色低碳产品的研发、生产与应用，积极发展异形石材等精深加工和高附加值产品，开发多功能产品，满足人们对更高品质生活的需求。

把矿山修复作为石材产业向上游延伸产业链、增加行业新动能的重要举措，通过对石材矿山进行治理、修复与开发，既推进第一二三产业的融合发展，又能充分发挥石材矿山在碳中和工作中的作用和优势。

三、保障措施与建议

提高思想认识，履行责任担当。“做好碳达峰碳中和工作”是建设美丽中国新征程的重要任务和最新举措。石材行业应提高思想认识，遵循建材行业“宜业尚品、造福人类”的新发展理念，弘扬企业家精神，切实履行石材行业的社会责任和担当，加强自律，全力推进碳减排碳中和工作。

紧密联系各地石材产区政府、园区管委会、各级协会组织和行业骨干企业，引导和指导各地通过科技创新、采用新技术新装备新工艺，提高清洁生产水平，加大石材行业绿色矿山、绿色园区建设和矿山治理修复力度，促进行业碳减排碳中和工作不断深入。

围绕碳减排碳中和课题开展专题调研，进一步摸清行业碳减排碳中和情况，并通过网络媒体、行业会议等加强宣传有关政策；针对性组织开展学术探讨、技术攻关、经验交流等行业活动。

石材产业具有采矿和制造两个行业属性，目前在《国民经济行业分类》分类中，分属非金属矿采选业和非金属矿物制品业，被划在高耗能行业范围内。中国石材协会将积极向国家有关政府部门反映石材绿色低碳的产业特性、“吃干用尽”的全产业链融合发展模式优势以及石材矿山修复在碳中和中的重要作用，寻求产业政策支持，为“双碳”工作贡献石材行业力量。（图 1 ～ 图 4 为绿色矿山、光伏发电等现场图供参考。）

图 1　绿色矿山（福建富强石材矿山）

图 2　光伏发电绿色工厂（高时石材厦门洪塘工厂）

图 3　石材矿山生态修复（广西岑溪）

图 4　光伏发电石材矿山模型

复合材料行业“双碳”之路

中国复合材料工业协会

一、“双碳”背景

（一）全球气候变化趋势与危害

近百年来全球气候正在发生以变暖为主要特征的变化，全球平均气温较工业化前上升了1.1℃，气温上升速度是过去150年平均增速的7倍。工业革命以来，人类活动特别是工业化过程中大量排放温室气体，是当前全球气候变化的主要因素。气候变化导致冰川和积雪融化加速，水资源分布失衡，生物多样性受到威胁，灾害性气候事件频发。气候变化还引起海平面上升，沿海地区遭受洪涝、风暴潮等自然灾害影响更为严重。气候变化对农、林、牧、渔等经济社会活动产生不利影响，加剧疾病传播，威胁经济社会发展和人群健康。未来全球气候变化的不利影响还将进一步扩大。

（二）应对全球气候变化的措施

联合国政府间气候变化专门委员会（IPCC）指出，减缓和适应是人类应对气候变化的两大对策。减缓是指温室气体的减排和增加碳汇，这种方式是应对气候变化的本质；适应是指通过调整自然和人类系统以应对实际发生或预估的气候变化或影响。减少煤炭、石油、天然气等化石能源燃烧活动和工业生产过程，以及土地利用变化与林业等活动产生的温室气体排放，降低每单位国内生产总值的增长所带来的二氧化碳排放量。通过控制二氧化碳排放量达到历史最高值，使二氧化碳排放量由增转降；同时通过生态恢复，绿化等措施争取某个地区在一定时间内人为活动直接和间接排放的二氧化碳，与其相互抵消，实现二氧化碳“近零排放”。

（三）“双碳”共识的历史进程

世界气象组织（WMO）于1979年组织召开了第一届世界气候大会，大会决定成立联合国政府间气候变化专门委员会（IPCC）。20世纪80年代以来，科学界对气候变化问题的认识不断深化，IPCC已先后发布5次评估报告，每次均比上一次更加肯定人为活动是造成全球气候变化的主要原因。1990年开始，国际社会在联合国框架下开始关于应对气候变化国际制度安排的谈判，1992年达成《联合国气候变化框架公约》，1997年达成《京都议定书》，2015年由200个国家和地区达成《巴黎协定》，成为各国携手应对气候变化的政治和法律基础，同时开启了人类携手共同应对气候变化的新篇章。2019年以来，全球兴起了一轮碳中和“浪潮”，欧盟及其成员国主导，美洲、大洋洲和非洲个别国家有所响应。2020年中国明确宣布碳中和时间表，日本、韩国紧随其后，碳中和阵营快速扩容。2021年初，美国宣布重返《巴黎协定》，并设定较为激进的能源气候目标，新一轮国际气候政治博弈已经开始。联合国秘书长古特雷斯多次强调，要实现《巴黎协定》1.5℃升温控制目标。截至目前，全球已有超过120个国家和地区提出了自己的碳中和达成路线。

（四）我国应对气候变化立场与态度

2020年9月22日，国家主席习近平在第七十五届联合国大会一般性辩论上向世界宣布了中国的碳达峰目标与碳中和愿景，中国将提高国家自主贡献力度，采取更加有力的政策和措施，二氧化碳排放力争于 2030 年前达到峰值，努力争取 2060 年前实现碳中和。

2021 年 11 月 27 日，《关于推进中央企业高质量发展做好碳达峰碳中和工作的指导意见》明确指出实现碳达峰碳中和，是以习近平同志为核心的党中央统筹国内国际两个大局作出的重大战略决策，对我国实现高质量发展、全面建设社会主义现代化强国具有重要意义。意见确定了国有企业碳中和工作的总体思想和基本原则，明确了到 2025 年中央企业万元产值综合能耗比 2020 年下降 15%，万元产值二氧化碳排放比 2020 年下降 18%，可再生能源发电装机比重达到 50% 以上，战略性新兴产业营收比重不低于 30%，到 2030 年，中央企业万元产值综合能耗大幅下降，万元产值二氧化碳排放比 2005 年下降 65% 以上，中央企业二氧化碳排放量整体达到峰值并实现稳中有降，有条件的中央企业力争碳排放率先达峰。到 2060 年，中央企业绿色低碳循环发展的产业体系和清洁低碳安全高效的能源体系全面建立。

（五）我国在碳中和道路上面临机遇和挑战

碳交易市场的全球化，就是将温室气体的排放和气候变化跟人类金融活动与经济活动产生紧密联系，尤其是发展中国家，碳中和将成为一个行业乃至一个国家必须面对的问题，关系到国家和行业的生存发展，这已经是十分明确的趋势。温室气体排放不是单纯的气候问题，而是与政治经济紧密联系的人类主要社会活动。

碳达峰碳中和目标和愿景要求中国建立健全绿色低碳循环发展的经济体系，建立清洁、低碳、高效、安全的现代化能源生产和消费体系。提升中国在国际产业分工体系的位置，形成更具可持续性、包容性和韧性的经济增长方式，推动科技、法律、制度、金融、安全等多方面的改革与创新。“双碳”目标的实现是一个系统工程，虽然中国在碳中和的道路上面临起步晚、时间短、任务重等问题，但中国作为人类命运共同体的倡议者，有责任承担起碳减排的历史使命，发挥中国的制度优势，充分协调统筹社会各方资源、形成合力，推动“双碳”目标的实现，低碳经济将成为未来中国的发展之路，成为中国未来数十年内社会经济发展的主基调之一。

二、“双碳”与复合材料行业

（一）复合材料行业在行动

根据中共中央、国务院印发《关于完整准确全面贯彻新发展理念做好碳达峰碳中和工作的意见》和国务院印发《2030 年前碳达峰行动方案》，均明确指出立足新发展阶段，完整、准确、全面贯彻新发展理念，构建新发展格局，坚持系统观念，处理好发展和减排、整体和局部、短期和中长期的关系。把碳达峰碳中和纳入经济社会发展全局，坚持“全国统筹、节约优先、双轮驱动、内外畅通、防范风险”的总方针，有力有序有效做好碳达峰工作，明确各地区、各领域、各行业目标任务，加快实现生产生活方式绿色变革，推动经济社会发展建立在资源高效利用和绿色低碳发展的基础之上，确保如期实现 2030 年前碳达峰目标。

复合材料行业积极响应国家政策，主动推动行业“零碳”行动计划，按要求实现行业内部的“零碳”目标。作为战略性新兴产业，对国民经济发展具有支撑作用，将在建筑、轨道交通、能源、航空航天等领域助力产业结构调整和“双碳”目标的实现。为加快推动“双碳”相关政策在复合材料行业的实现，将绿色可持续发展作为行业重点工作内容，协会成立了碳管理咨询中心，积极与相关机构和组织开展“双碳”政策、实施路径、碳值核算等方面的研究，积累行业相关数据，为行业的碳中和提供服务和支持。

（二）我国复合材料行业发展现状

据统计，2020 年全球复合材料市场规模约为 958.1 亿美元。预计 2020—2025 年全球复合材料市场将产生平均 6% 的增长幅度，到 2025 年达到约 1248 亿美元的市场规模。根据 1990—2020 年“中国复合材料产量统计数据”，2010 年我国复合材料产量达 329 万吨，并开始位居世界第一。2020 年，国内仅玻璃纤维复合材料制品总产量约为 510 万吨，同比增长 14.6%。

相比钢铁、建筑行业而言，复合材料行业的能耗和排放相对较低，属于非能耗双控的重点行业。根据国际能源署绘制的 2050 年碳中和路线图，在交通、建筑、工业、能源等重点控碳领域，复合材料凭借轻质、高强、防腐、功能结构一体化等特点助力碳中和目标的实现，尤其是新能源汽车通过大量使用复合材料不仅减少制造过程中的能耗，提高新能源汽车使用中的效率；在氢能和风能工业化应用中，复合材料储气瓶、风电叶片等复合材料产品成为不可替代的关键部件。中国政府将纤维复合材料、高性能纤维及制品和复合材料等产业作为战略性新兴产业，着力重点支持发展纤维复合材料行业，国务院及各部委发布了多项政策鼓励支持纤维复合材料行业的发展进步。

（三）复合材料行业碳中和路径探索

复合材料行业要实现低碳经济，就是要在全行业实现低能耗、低污染、低排放。碳中和相关工作贯穿到企业生产经营全过程和各环节，一定要坚持系统谋划、统筹推进，具体就是在行业内提高能源利用效率、扩大清洁能源使用占比、提高可循环利用材料和低碳值原材料使用率、改进成型工艺、提高生产自动化水平、提升行业生产管理水平；同时面向碳中和重点行业提供相关绿色低碳产品，开展相关碳汇活动。

中国复合材料工业从20世纪80年代大规模发展以来，行业主要以中小微企业为主，产业集中度比较低，改革开放40余年来，行业主要以产品应用推广为主，行业技术水平较发达国家有明显差距，行业整体技术创新及研发投入不足，产品同质化竞争愈演愈烈，已影响到整个行业的形象和发展。在当前国内国际两大变局下，以低碳可持续发展为契机，大力推进行业内供给侧结构和产业结构调整，淘汰一批基础条件差的落后产能，消减过剩产能。对于传统的复合材料产业基地进行产业升级和产业链生态化改造，积极开展以工艺、局域特征的碳中和实施路径研究，制订细分领域的碳达峰行动方案，引导行业开展示范建设。

目前，复合材料行业正面临废品回收难题，该问题伴随着复合材料行业的各个发展阶段，而在碳中和的大背景下，该问题已经严重影响到行业的发展。比如，风电用复合材料在行业的占比逐年提高，但至今没有一项经济价值高可以广泛推广的回收技术。目前，风电用复合材料产品的使用寿命一般在20～25年，在2020—2025年，我国将有约10920吨叶片及约3000吨机舱罩、轮毂罩，共计约1.5万吨风电废旧玻璃钢需要处理，到2020—2030年期间将有74.4万吨叶片及13.75万吨舱罩、轮毂罩，共计约90万吨废旧玻璃钢需要处理。作为碳中和实施路径中重要的清洁能源——风能，正面临批量处理废弃叶片的严峻考验。目前，针对现有即将退役的复合材料废品，最符合绿色低碳处理的方法就是水泥窑协同处理，实现复合材料增强材料作为水泥原料再利用，复合材料基体树脂通过燃烧，为水泥窑提供热量，减少窑炉对煤和电的需求，从而实现 1+1 ＞ 2。对于材料性能保留率高的废品，可以进行筛选和再加工，制备成新型的回收料建材产品，如墙板、地砖、预制托板等，提高复合材料原材料的使用周期和频次。同时，推进复合材料行业原材料多元化，尤其是高性能热塑性树脂和生物性 PLA 树脂在行业的应用。

复合材料目前高端应用主要集中在航空航天领域，该领域技术水平和装备的发展远高于行业整体水平，但该领域行业占比小，而且主要集中在大型国企,技术外溢困难。复合材料将以碳中和为重点发展领域，如新能源汽车、风电叶片、装配式房屋、轨道交通、海洋装备等为突破口，借鉴航空航天相关技术和装备，提升整体行业水平，实现行业过剩产能转移和产业结构调整升级。提升复合材料行业的装备自动化水平，培育 1 ～ 5 家专业复合材料高端装备研发制造企业，提升复合材料自动铺放、多轴向自动缠绕机、拉绕等设备的自动化和智能化水平；在行业内推广精益化管理，提高产线生产效率，减少材料、能耗浪费。通过企业信息化、制造装备和管理水平提升实现成品率和产品质量的提升，从而降低产品综合成本。

推进复材企业新能源使用比例，对工厂厂房进行地热和光伏改造，同时建设工厂能量应急储备站，建立工厂级或产业集群的能源供给微网，从而改变传统能源的使用占比，降低能耗使用强度。

推进复材行业产品绿色设计，强化产品全生命周期绿色管理，落实生产者责任延伸制，绿色低碳管理。开展行业绿色工厂、绿色产品、绿色产业链认证。健全行业绿色低碳数据库，建立行业全生命周期的碳足迹核算模型和方法；打造绿色原辅材料、绿色装备白名单，推进行业企业绿色低碳复合材料品牌建设，促进行业内低碳、节能、环保、绿色的材料与技术工艺交流。最终实现复合材料制品价格与产品全生命周期碳值的挂钩。

（四）协会助力行业碳中和发展

在百年未有之大变局的背景下，交织世纪疫情，企业遇到的很多问题其实是行业的问题，如产能过剩，恶性竞争，导致其发展遇到了瓶颈。产业结构调整势在必行，协会一定要在变革中引导行业，引导趋势，鼓励产业突围的先遣队，打造案例和典型，发挥“头雁效应”。

中国复合材料工业协会成立碳管理咨询中心就行业面临的针对性问题为行业企业提供量身定做的解决办法：从提供节能建议、优化流程、减少能源损耗，到部署工厂节能改造方案，增强工厂整体效能，再到碳管理人才培训，增加企业碳人才储备，实现企业碳管理可持续发展。协会开展公益讲座、专项培训、碳管员培训等碳咨询和培训工作；定期发布政策信息、碳中和最新技术动态；编制行业碳达峰碳中和发展规划为政府提供相关服务，针对行业具体问题进行调研，形成有指导性的行动实施方案，建立行业碳核算相关标准以及项目诊断平台，为企业碳中和提供认证；搭建绿色低碳国内国际交流合作平台等。

具体措施：通过对行业中的不同工艺、材料、装备生产、使用等过程中的能耗进行计算，实现碳排放量化、分析、管理以及减碳指导等功能，进而建立行业碳排放数据库。以此为基础，协会指导企业进行碳盘查，帮助企业了解清楚碳排放状况，摸清碳家底，为制订碳减排策略以及实施低碳项目提供数据依据。建立典型产品碳足迹、典型产品碳减排核算、GDP 碳信息披露、碳管理培训等工作。建立行业产品分类碳值基准，为行业企业掌握企业减碳水平，构建行业减碳共性技术攻关和共享机制，促进全行业的低碳转型。

国家意志倡导重点发展新一代信息技术、生物技术、新能源、新材料、高端装备、新能源汽车、绿色环保以及航空航天、海洋装备等战略性新兴产业。未来，行业转型势在必行，推动低碳绿色原材料、智能装备及物联网、新兴应用领域助力行业在绿色低碳产业深度融合。

（中国复合材料工业协会秘书长孟弋洁）

非金属矿行业积极探索碳减排路径

中国非金属矿工业协会

纵观人类社会发展的历史长河，非金属矿一直是人类赖以生存和发展的重要资源。非金属矿及其材料由于具有许多优越而独特的性能，在国民经济和社会发展中发挥着越来越重要的作用。截至2020年底，中国已发现矿产173种，其中非金属矿产95种，种类占比55%。据《2020全国非油气矿产资源开发利用统计年报》数据显示，建材及其他非金属矿产（含冶金辅料和化工原料矿产）年产矿量53.06亿吨，是黑色金属、有色金属、贵金属、“三稀”矿产（指稀有金属、稀土金属和稀散金属）总量的近3.98倍。2020年，我国非金属矿全行业总产值约9000亿元，采选及加工企业约10万家，从业人数约100万人，我国已成为世界非金属矿生产和消费大国。非金属矿采选与制品业已成为名副其实的大国基石。

非金属矿不仅是基础工业的重要原材料，而且是高新技术产业和战略性新兴产业的关键支撑材料，还是关乎环境和人民健康的绿色生态材料。战略性新兴产业是以重大技术突破和重大发展需求为基础，对经济社会全局和长远发展具有重大引领带动作用，是知识技术密集、物质资源消耗少、成长潜力大、综合效益好的产业，包括新一代信息技术产业、高端装备制造产业、新材料产业、生物产业、新能源汽车产业、新能源产业、节能环保产业等9大领域。晶质石墨、萤石、高纯石英原料、叶蜡石、高岭土、硅藻土、滑石、重晶石、海泡石、石榴子石等多种非金属矿产制备的矿物功能材料是战略性高新技术产业重要的支撑材料。我国已将晶质石墨、萤石列为战略性矿产，以保障国家经济安全、国防安全和战略性新兴产业的发展。

2020年9月22日，国家主席习近平在第75届联合国大会上提出了力争于2030年前二氧化碳排放达到峰值，努力争取2060年前实现碳中和的宏伟目标。推进“双碳”工作是深入贯彻新发展理念，推动高质量发展，大力建设生态文明和美丽中国的必然要求。在绿色低碳发展的新时期背景下，积极推动行业绿色低碳发展，完成“双碳”目标，已成为非金属矿全行业发展的重大任务。

一、非金属矿行业发展现状

中华人民共和国成立以来，我国非金属矿行业主要经历了“发展初期、工业原料、原料与深加工并举、矿物功能材料”四个发展阶段，从小到大，由弱渐强，砥砺前行。我国非金属矿工业已建成包括地勘、采掘、选矿、功能材料及制品加工、技术装备、投资融资、进出口贸易、教育培训在内的完整的工业体系。

近十年来，我国非金属矿工业取得了快速发展，资源保障程度持续提高，产业集群发展加快，产业规模持续扩大，产业结构加速优化，创新能力明显增强，技术与装备水平不断提升，绿色体系建设已见成效，已由快速增长阶段向高质量发展阶段迈进。

二、非金属矿行业“双碳”工作现状

近年来，自然资源部组织制定了七十余种非金属矿的《矿产资源合理开发利用“三率”最低指标要求》，加强开采环节的监督管理；工业和信息化部发布《萤石行业准入标准》和《石墨行业规范条件》，以及推动《非金属矿行业绿色工厂评价要求》等行业标准制定，有效促进了非金属矿行业的清洁生产和绿色制造体系建设。非金属矿行业在国家政策法规和行业科技进步的支持下，资源综合利用水平有较大提高，呈现出绿色、可持续发展的局面：①高效采选与加工技术的推广应用，极大地提高了开采回采率和选矿回收率；②共伴生资源回收和低品位资源开发利用，提高了资源综合利用效率；③尾矿、废石与废水的综合利用水平得到较大提高；④在“农业农村、生物医药、环境治理、新能源、电子信息、绿色建材”等国家战略和市场需求的牵引下，矿物功能填料、环保助剂材料、土壤改良剂、多功能矿物肥料、电池负极材料、高性能电子封装材料等非金属矿深加工及矿物功能材料产品不断开发和生产应用。我国非金属矿行业的资源高效利用和绿色低碳发展取得明显成效。

2021 年 2 月，中国非金属矿工业协会发布《推进非金属矿行业碳达峰碳中和行动倡议书》，号召非金属矿行业团结一心，凝聚共识，勇于担当，切实履行碳达峰碳中和的历史使命与行业责任，得到了非金属矿行业的一致响应和积极践行。

为深入推进“双碳”工作，中国非金属矿工业协会于 2021 年 4 月制订《非金属矿行业碳达峰行动方案》。据分析，我国非金属矿行业碳排放主要源自三个环节：①生产过程中产生的二氧化碳；②化石燃料燃烧产生的二氧化碳；③生产厂家净购入的电力、热力对应的二氧化碳。非金属矿行业二氧化碳排放不足建材行业碳排放总量的 1%，其中菱镁矿、石膏、轻质碳酸钙、煅烧高岭土四个产业在生产过程和化石燃料燃烧过程产生的二氧化碳较多。

（一）镁质材料（菱镁矿）产业

我国是世界上最大的菱镁矿生产和应用的国家。2020 年菱镁矿开采原矿 2300 万吨，生产镁质材料制品 1150 万吨，其中轻烧镁砂 700 万吨，重烧镁砂 300 万吨，电熔镁砂 150 万吨。生产镁质材料产品需经过煅烧等生产工艺，会排放二氧化碳。生产 1t 轻烧镁砂需消耗 1.6t 菱镁矿石，排放约 0.6t 二氧化碳；生产 1t 重烧镁砂需消耗 1.8t 菱镁矿石，排放约 0.8t 二氧化碳；生产 1t 电熔镁砂需消耗 2.7t 菱镁矿石，排放约 1.3t 二氧化碳。镁质材料制品在生产过程年排放量约 855 万吨二氧化碳。镁质材料在生产过程中采用煤作为主要能源，生产 1t 镁质材料制品需消耗 250kgce。按燃烧煤的碳排放因子 2.66 估算，菱镁矿行业二氧化碳年排放总量约 1520 万吨。

（二）石膏制品产业

2020 年我国石膏开采量约 3000 万吨，生产石膏粉约 1100 万吨，其中高强石膏粉 1000 万吨，普通石膏粉 100 万吨。生产 1t 高强石膏粉和普通石膏粉约排放 0.4t 二氧化碳；生产 1t 石膏制品能源消耗 60kgce。按燃烧煤的碳排放因子 2.66 估算，石膏行业二氧化碳年排放量约 620 万吨。

（三）轻质碳酸钙产业

2020 年我国轻质碳酸钙产量约 1400 万吨。生产 1t 轻质碳酸钙约排放 0.2t 二氧化碳；生产 1t 轻质碳酸钙消耗 50kgce。按燃烧煤的碳排放因子 2.66 估算，轻质碳酸钙行业二氧化碳年排放量约 470 万吨。

（四）煅烧高岭土产业

我国煅烧高岭土2020年产量约140万吨。生产1t煅烧高岭土约排放0.56t二氧化碳；生产1t煅烧高岭土吨消耗300kgce。按燃烧煤的碳排放因子2.66估算，煅烧高岭土全行业2020年二氧化碳排放量约190万吨。

以上四个产业在生产过程和化石燃料燃烧环节每年产生二氧化碳约2800万吨，约占非金属矿行业这两类环节二氧化碳总排量的90%。

三、非金属矿行业减碳降碳路径

非金属矿行业要实现“双碳”目标可采取以下措施。

（一）全行业推广使用清洁能源

在国家加快电源和电网建设、实施热电联产改造、增加非化石能源投入、扩大天然气供应等鼓励措施的大背景下，提高非金属矿行业对清洁能源的消费比重，不断优化能源消费品种结构，从燃料燃烧环节减少二氧化碳的排放量，将对非金属矿行业实现“双碳”目标具有重大作用。

全行业推行使用清洁能源，鼓励企业技术改造升级，降低清洁能源使用成本，通过煤改气、煤改电、使用氢能、工厂安装光伏设备，或通过电网采购可再生能源等措施，提高清洁能源使用量。力争2025年清洁能源使用量提高到50%，2030年达到80%，2035年达到100%。

（二）加大技术创新，降低能源消耗

通过产品结构调整，加大技术创新，改进生产工艺，降低能源消耗，

减少生产过程中的碳排放，开发绿色低碳产品。2025 年减少生产过程的碳排放量 30%，2030 年减少 80%，2035 年减少 95%。

在能源利用环节，选择低耗能设备，实现工业余热充分利用，从而提高能源利用效率。以菱镁矿煅烧生产过程为例，辽宁科技大学、鞍山新科环保设备有限公司、海城市盛鹏矿产品加工厂、辽宁省国家新型原材料基地建设工程中心完成的“菱镁矿轻烧用节能回转煅烧工艺开发及产业化”项目，在菱镁矿生产过程中利用余热节能煅烧，大大减少了碳排放量。该技术采用回转窑尾气多级悬浮预热供应技术，实现了烟气余热高效利用，显著降低了能耗 25.9%，折后为 150kgce/t。该技术装备的推广应用，将为我国菱镁矿产业的节能和碳减排作出重大贡献。该技术成果通过了中国非金属矿工业协会组织的专家论证，达到了国内先进水平。

（三）加大碳捕集、封存与利用，加大节能减排矿物功能材料的开发应用

加大二氧化碳捕集、吸附、过滤等矿物功能材料和光伏、负极材料等新能源矿物功能材料的开发和推广应用，力争 2025 年节能减排矿物功能材料在矿物功能材料中占比达 10%，2030 年达 20%，2035 年达 50%。

碳捕集、封存与利用是指将工业生产过程中产生的二氧化碳捕捉起来，并采取多种措施加以储存，然后投入到新的生产过程加以循环利用，避免其直接排放到大气中的一种技术。非金属矿行业在生产工艺中，除了积极采用先进工艺实现碳捕集、封存与利用，还可充分利用非金属矿得天独厚的物理吸附性能，支持其他工业的碳捕集、封存及废水废气污染治理工作。

积极发挥非金属矿物功能材料在支撑新能源产业发展中的重要作

用，深入开发矿物功能材料在风电叶片、太阳能光伏玻璃、负极材料、储能材料等新能源产业中的应用，助力我国新能源产业发展，保障我国能源供给安全。

（四）大力开发非金属矿功能材料，为钢铁、石化、水泥、玻璃、陶瓷、耐火材料等行业节能减排助力

大力开发非金属矿物节能减排功能材料，为钢铁、石化、水泥、玻璃、陶瓷、耐火材料等行业的节能减排助力。如利用硅灰石实现玻璃和陶瓷的低温快烧，提高成品率，从而帮助玻璃和陶瓷产业节能减排；利用低品质高岭土或黏土质尾矿经活化煅烧后具有较好的活性，与石灰石粉复合可进一步提高反应活性的特点，在水泥生产过程末端大比例替代熟料，通过降低吨水泥的熟料用量来降低整个水泥生产链条的二氧化碳排放。

四、保障措施与政策建议

（一）主动作为，担当实现碳减排的社会责任

全行业进一步提高对碳减排碳达峰碳中和工作重大意义和使命的认识；引导行业企业主动作为，提高精细化管理水平，牢固树立节约意识，切实把绿色低碳生产作为一项重大的战略任务来抓，提高能源经济效益，转变经济增长方式，强化节能和环保意识，把环境、资源、能源作为企业自身生存与发展的前提条件，担当实现碳减排的社会责任。

（二）完善机制，营造绿色低碳发展环境

要积极争取非金属矿行业享受绿色低碳发展的价格、财税、金融等

政策支持和矿山绿化、生态保护修复等“生态碳汇”支持；要努力构建“政策支持、典型示范、协同创新、奖罚考核”的碳减排机制，营造非金属矿行业绿色发展环境。

（三）构建体系，实施行业碳达峰目标管理

要加快矿产资源“三率”指标和绿色矿山、绿色工厂、绿色产品、绿色园区等绿色标准体系完善和实施工作；编制行业碳减排碳达峰的监测、评价、统计、考核管理办法，加强碳排放目标管理；出台《绿色低碳技术产品目录》，禁止高排放、高耗能产业项目建设。

（四）科技创新，拓展碳达峰技术路径

要加大科技创新，协同联合攻关。科技创新是碳减排行动的关键支撑。全行业要加大生产工艺技术和装备的改造升级，加大可代替“碳排放”的绿色产品开发，加大清洁能源的降成本、高效能应用技术的研发，加大新能源材料、废气污染治理材料、新型冶炼助熔材料、水泥等窑炉废气净化材料等节能减排材料的推广应用；拓展碳减排碳达峰碳中和技术路径，为实现碳减排碳达峰碳中和发挥非金属矿资源、材料的支撑作用。

（五）加强自律，推动行业绿色低碳转型

积极推进智能矿山、数字工厂、大数据、5G 通信等新技术在非矿行业的应用，提高矿山开采、生产加工、运输仓储等重要环节的绿色技术水平。鼓励企业建立能源使用管理体系，利用信息化、数字化和智能化技术加强能耗的控制和监管。进一步提高能效水平。要将与碳减排密切相关的清洁能源使用、碳排放，资源综合利用等作为约束性

指标列入非金属矿行业发展目标，全行业要加强自律、增强自觉，推动非金属矿行业绿色低碳转型发展。

五、结语

从《推进非金属矿行业碳达峰碳中和行动倡议书》到《非金属矿行业碳达峰行动方案》《非金属矿行业温室气体排放核算与报告要求》，中国非金属矿工业协会一步一个脚印，带领行业开展了一系列卓有成效的工作，基本厘清了非金属矿行业碳减排的现状与碳减排主要路径，为指导非金属矿行业实现碳达峰碳中和提供了有效的决策依据和工作支持。当前，中国非金属矿行业“双碳”工作已扬帆起航，全行业勇于担当碳减排的“减压阀”，大力开发非金属矿物节能减排功能材料，为钢铁、水泥等基础材料行业节能减排助力；敢为碳达峰的“加速器”，促进非金属矿行业在建材行业如期实现碳达峰；善做碳中和的生力军，积极创建绿色矿山、绿色工厂、绿色园区、绿色产品，为促进碳中和目标的实现发挥积极作用。

预测在全行业的共同努力下，非金属矿行业碳减排碳达峰的目标可顺利实现，非金属矿行业碳达峰时间为2030年，碳排放总量在2020年的基础上减少80%。虽然距离最终实现非金属矿行业“双碳”目标之路仍存在很多艰辛与挑战，但全行业坚定信心、携手同行、攻坚克难，“产学研用”多方面力量积极合作，共同致力于拓展碳减排路径。非金属矿行业绿色低碳转型之路必将迎来胜利辉煌。

（中国非金属矿工业协会郭佳、唐靖炎、潘东晖）

循环经济助力“双碳”目标的实现

中国基建物资租赁承包协会

一、“双碳”目标的提出具有深远意义和影响

我国积极宣示并推动碳达峰碳中和目标的实施，既践行人类命运共同体的重大实践，也体现了推动世界绿色低碳转型的决心与担当。2020年9月22日，在第75届联合国大会上，中国明确将提高国家自主贡献力度，采取更加有力的政策和措施，二氧化碳排放力争于2030年前达到峰值，努力争取2060年前实现碳中和。2020年12月12日，国家主席习近平在气候雄心峰会上提出，到2030年单位国内生产总值二氧化碳排放将比2005年下降65%以上，非化石能源资源占一次能源消费比重将达到25%左右，森林蓄积量比2005年增加60亿立方米，风能、太阳能发电量将达到12亿千瓦以上。2021年9月，中共中央、国务院印发《关于完整准确全面贯彻新发展理念做好碳达峰碳中和工作的意见》，对“双碳”工作进行了系统谋划和总体部署。2021年3月，中央财经委员会第九次会议，进一步提出实现碳达峰碳中和是一场广泛而深刻的经济社会系统性变革，是党中央经过深思熟虑作出的重大战略决策，事关中华民族永续发展和构建人类命运共同体。目前实现“双碳”目标已经深入人心，融入各级政府与各地的规划与工作落实之中，“双碳”目标将成为未来数十年影响中国政策制定与社会发展的重要因素，对经济结构、能源结构、交通运输

结构和生产生活方式都将产生深远的影响。在此背景下，作为国民经济的主要组成部分之一和四大重点节能减排领域之一的建筑行业，也将迎来调整与变革。我国在建筑建造和使用过程中，消耗大量的资源与能源，排放的温室气体占全球的40%左右。因此，通过对“双碳”目标下我国建筑周转设备材料的优势与不足总结分析，搭建现代化产业链供应链、建立废旧物资回收网络、资源循环利用体系，提出发展路径，推动建筑建造活动绿色发展，助力实现绿色低碳高质量发展。

二、建筑物资租赁承包行业在“双碳”目标下的优势

（一）碳排放来源以能源和工业生产为主

据测算，2020年全国共排放103.76亿吨二氧化碳。从细分行业来看，2020年碳排放前三的行业燃煤电厂、钢铁和水泥的总排放量占比超过了全国总排放量的60%，煤炭、石油、天然气等化石能源消费二氧化碳排放是主体，其次是水泥生产、石灰生产、玻璃、纯碱、氨水、电石和氧化铝等工业过程的碳排放。按照国家应对气候变化战略研究和国际合作中心核算的结果，2020年能源消费二氧化碳排放量为99亿吨，按比例估算工业过程二氧化碳排放量为15亿吨。可以说“双碳”目标的本质是能源革命。建筑业是国民经济重要的支柱产业，为我国经济社会发展、城乡建设和民生改善作出了重要贡献。建筑业建造活动及过程，本身会涉及多种电力、钢铁、煤炭、石油化工等能源和材料的中端消耗，但并不是碳排放主要来源。

（二）建筑物资租赁承包行业是能源消耗少、环境污染小的绿色低碳产业

建筑物资租赁承包行业涉及各种建筑用周转材料与装备提供及使用和服务，是建筑业大产业链中施工建造的基础环节，为各类工厂、矿井、铁路、桥梁、港口、道路、管线、房屋以及公共设施等建筑物和构筑物的总和提供施工建造的基础性服务。本文仅以建筑脚手架、铝合金模板、塑料模板和附着式升降脚手架等为例分析。建筑物资租赁承包行业呈现以租赁周转使用形式为基本特征，建筑脚手架、铝合金模板、塑料模板和附着式升降脚手架等工业产品是在工厂的生产线上完成，其采用的原材料是具有明显碳属性的前端产品，其使用价值主要是在建筑施工现场体现，大量的建筑安装和建造过程必须要在施工现场作业进行。随着工程项目相关阶段的完工交付而完成使命，建筑物资租赁周转材料与设备属于解决了碳排放后的中间产品，碳排放已在其原材料钢材、铝材、塑料生产过程中前端完成解决方案，但其在生产、加工、运输、安装、搭设、拆卸、人工等仍有能源消耗。

（三）建筑周转材料与装备有效弥补木材资源供给能力不足

随着我国经济社会的快速发展，木材消费量不断增长，建筑行业也是消耗木材资源大户，占商品木材消耗量 30%。据第九次全国森林资源清查结果显示，我国现有用材林中可采面积仅占 13%，可采伐木材蓄积量仅占 23%，可利用木材资源少，大径材林木和珍贵用材树种更少，中幼林比重大，木材资源的供给能力无法满足国内的木材需求，尤其是在天然林全面商业性禁伐的背景下，木材的供需矛盾较为突出。目前，主要通过进口来缓解木材供需矛盾，我国木材对外依存度已超

过了50%。预计，国家“双碳”目标下，随着木材、木制品以及木结构建筑市场规模的扩大，对木材资源的需求量也将呈刚性增长态势，木材资源供给面临较大压力。加之国际贸易保护主义抬头、我国木材进口市场集中度偏高等因素的影响，都将使我国木材资源供给能力面临不确定性。所以，我国实施的“具有中国特色木材节约和代用，倡导木材综合利用和以提高周转使用率加强循环利用为特质的非木质材料替代木材”，取得了显著成效。据木材节约发展中心测算，2019年全国基建物资租赁周转材6.44亿吨，折算年代用木材量为2246万立方米。2020年全国基建物资租赁周转材7.179亿吨，折算年代用木材量为2504万立方米。2020年代用木材量折合森林蓄积量4173.3万立方米，按照森林每公顷蓄积量89.79立方米，每立方米森林吸收二氧化碳1.83吨，则减少森林砍伐46.5万公顷和7637万吨二氧化碳排放。因此基建物资租赁周转材料与装备具备节约森林资源的属性，周转使用20次计算，可减少30%碳排量。在达成“双碳”目标过程中对节省能源形成正向促进作用，具有辅助低碳的作用。

（四）建筑模板脚手架体系及设备循环利用发展业态

循环经济作为一种以资源高效循环利用为核心，以减量化、再利用、资源化为原则，以低消耗、低排放、高效率为基本特征，契合可持续发展理念的经济增长模式，将在我国碳达峰碳中和历史进程中发挥重要作用。“十三五”期间，发展循环经济对我国碳减排的综合贡献率达25%。建立资源节约型的产业结构体系，形成一种生态。以系统地解决产业活动与资源、环境关系的研究视角和站位来契合“双碳”目标、“循环经济”发展方向。据中建租协数据采集统计，截至2021年6月底，基建物资租赁承包行业收入3396.1亿元，同比增长4.6%。相关生产、租赁、承包企业 3.5 万家。2021 年 1～6 月份，从行业重点领域来看：①建筑铝合金模板市场保有量 6850 万平方米，规模以上建筑铝合金模板研发设计、生产加工、租赁承包企业 800 余家，生产销售、租赁承包收入 182 亿元，同比增长 8.3%；②全国盘扣脚手架市场保有量 1720 万吨，较 2020 年底增长 9.6%。规模以上生产加工、租赁承包企业 850 余家，盘扣脚手架生产销售、租赁承包收入 292 亿元，同比增长 6.2%；③附着式升降脚手架市场保有量 125 万个机位（约 3.2 万栋），其中半装配型（半钢）9.3 万个机位，装配型（全钢）114.8 万个机位，装配型（铝合金）7200 个机位，共有规模以上附着式升降防护平台研发设计、生产加工、租赁承包企业 800 余家，生产销售、租赁承包收入 132 亿元，同比增长 9.9%；④塑料模板市场保有量 1977 万平方米，各类塑料模板生产线近 300 条，规模以上塑料建筑模板研发设计、生产加工、租赁施工企业 100 余家，生产销售、租赁承包收入 35.02 亿元，较 2020 年同期增长率为 7.7%。上述四个细分领域收入占基建物资租赁承包行业收入的 18.9%，传统周转材料与设备租赁承包领域仍占据主流市场，为 81.1%。推进建筑模板及脚手架的用钢材、铝合金、塑料等弃物规范回收利用，着力提升垃圾末端安全处置水平，鼓励废弃物同级化、高附加值利用。在废旧材料的处理、再生、循环利用等方面仔细研究，认真把握，以科技创新为抓手，以高效利用为发力点推动行业融合发展。

三、建筑物资租赁承包行业面临的挑战

（一）建筑物资租赁承包行业基础薄弱，能源结构调整压力大

在国家“双碳”目标的指引下，碳中和将导致整个能源体系和产

业体系的颠覆性变革，挑战无疑是巨大的。建筑物资租赁承包行业仍存在着规模大而不强，产业基础薄弱、产业链水平不高、产业组织碎片化、产业工人技能素质低，企业缺乏核心能力，管理模式粗放、组织方式落后，同质化竞争严重等问题，且较为突出，整个建筑业在企业之间尚未形成社会化的多层级的专业化分工协作，仍未摆脱传统粗放式发展方式，行业基础仍很薄弱。形成以全过程、全链条、全环节的绿色发展为导向，促进形成科技含量高、资源消耗低、环境污染少的产业供应链。我国建筑各类周转物资材料及设备生产加工行业的能源消费结构以电力为主，还有少量燃料油、煤油和天然气，能源消耗量虽然较少，但对传统化石能源仍具有依赖性。国家“双碳”目标实施将推动我国能源消费由化石能源向新能源转型，预计 2030 年我国非化石能源占一次能源消费的比例要提升到 20% 左右。在能源领域变革的大背景下，我国的传统生产模式面临挑战，将会承担因能源消费结构调整而带来的压力。

（二）碳计量标准缺失，碳排放核算基础研究及技术路径研究滞后

我国建筑物资租赁承包行业尚未有碳计量标准颁布，导致行业企业无法科学准确评估生产经营全流程的碳排放情况。标准已成为与国家战略、规划、政策同等重要治理手段，对经济活动和社会发展起着技术支撑的重要作用，是国家基础性制度的重要组成方面，而碳计量标准缺失已成为制约行业实现“双碳”目标的关键因素之一。企业是“双碳”目标实施的主体，盲目被动寻求路径，多方投入也造成多种资源的浪费。碳排放盘查是实现“双碳”目标的基础性工作，只有全面、准确摸清碳排放“家底”，明确产业链各环节的碳排放基本情况，才能确定碳减排的基准线和主攻方向。我国建筑物资租赁承包行业碳排放

核算基础研究较为滞后，未能建立行业碳排放清单，研究处于各自为战，不系统，不深入，尚无法反映行业的整体状态，无法有效指导性行业推进低碳减排及实现“双碳”目标。

四、碳达峰碳中和发展路径

碳中和将带动世界各国在低碳技术竞争、产业协同发展以及就业等方面创造新的机会，带来经济社会发展与生态环境保护等多重效益。我国仍处于工业化和城镇化的较快发展阶段，从长期看，碳中和对我国发展既是挑战更是机遇，只要及时制定和实施科学合理的政策措施，合理构建并及时部署支撑碳中和目标的技术体系，就能够在应对气候变化的行动中抢抓机会并赢得主动。

（一）持续推进产业结构调整和能源结构优化

我国建筑物资租赁承包行业的周转物资和材料及设备的生产加工企业应顺应能源革命的发展大势，主动拥抱变化。随着光伏、风电等可再生能源技术的快速发展以及储能技术不断实现突破，化石能源在一次能源供应体系中的比重逐渐降低，清洁低碳的新能源供应体系将逐步形成。高水平推进节能降碳工作，推动能源消费结构由高碳能源过渡到低碳能源，并努力向零碳能源转变。贯彻国家发展改革委“双碳”工作推行“新增可再生能源和原料用能不纳入能源消费总量控制，优化考核频次”的要求，加强本行业的生产加工和使用过程的能源计量管理，提高能源利用效率，针对生产过程中高能耗工艺、技术和装备，研究优化路径，寻找替代方案，从而降低单位产值的能耗水平。

（二）夯实碳达峰碳中和基础工作

构建“双碳”标准体系，逐步完善碳达峰碳中和相关标准。研制契合我国建筑物资租赁承包行业的行业特点和企业实际情况的碳排放盘查、碳标签管理等亟需的重要标准，从国家标准、行业标准、团体标准和企业标准等四个维度，构建建筑物资租赁承包行业“双碳”标准体系框架及标准项目。认识到碳计量与碳报告带给企业的重要机遇，“无计量，无以管理”，通过计量温室气体排放量，企业能够发现需要重点减排的关键环节，更好地管理环境风险，使企业能够从中找到自身的竞争优势，通过产品与业务流程的创新成为行业的领军企业。碳计量标准引领我国建筑物资租赁承包行业绿色低碳发展，助力国家“双碳”目标的顺利实施。

（三）推动建立统一规范的碳排放统计核算体系

住房城乡建设部发布国家标准 GB 55015—2021《建筑节能与可再生能源利用通用规范》，以建筑碳排放计算作为强制要求，可研、建设、设计方案应包含建筑碳排放分析报告，碳排放强度要达到一定水平，从 2021 年 4 月 1 日起实施。建材生产时，当使用低价值废料作为原料时，可忽略其上游过程的碳排放。当使用其他再生原料时，应按其所替代的初生原料的碳排放的 50%计算；建筑建造和拆除阶段产生的可再生建筑废料，可按其可替代的初生原料的碳排放的 50%计算，并应从建筑碳排放中扣除。结合建筑物资租赁承包行业的行业特点，引入碳排放核算方法体系，开展全生命周期碳排放盘查，精准量化产业链各环节的碳排放，为建筑物资租赁承包行业企业节能降碳提供科学依据，为下游用户绿色采购和绿色消费提供参考指南。在此基础上，建立我国建筑物资租赁承包行业碳排放数据库并定期更新，为建筑物资租赁承包行业碳排放情况的准确计量和科学预测提供数据支撑。

（四）实现循环利用、分级利用和再生利用的利用循环经济体系

通过流程优化提升能效，充分利用回收废钢铁、废铝、废塑料等再生资源，缩短工艺流程，有效减少能源和资源消耗，每综合利用1t固体废弃物可减少二氧化碳排放约0.85t。产品循环，通过再制造、高质量翻新、延寿等技术手段，大幅削减制造新件带来的资源能源消耗和碳排放，如再制造产品可较制造新件节材70%～80%，减少80%以上的碳排放。通过维修回收利用、产业园区能源等基础设施共建共享等措施，可大幅提高能源利用效率。建立绿色低碳加工技术创新体系，针对企业生产需求和碳减排面临的技术瓶颈，围绕节能降耗的关键领域，加速推动关键领域的技术突破，促进相关研究成果快速推广应用，转化为生产力，为建筑物资租赁承包行业低碳转型和绿色发展提供有力的科技支撑。

（五）开展教育培训与宣传，加强碳达峰碳中和专业人才培养

制订建筑物资租赁承包行业碳达峰碳中和人才培养方案，培养复合型碳达峰碳中和技术及管理专业人才，为建筑物资租赁承包行业做好碳达峰碳中和工作提供人才保障。同时，营造良好发展氛围，形成全方位、多层次、立体化的宣传格局，宣传建筑物资租赁承包行业对国家“双碳”目标的贡献和价值，树立建筑施工使用周转物资就是为国家“双碳”目标作贡献的舆论导向，为建筑物资租赁承包行业高质量发展营造良好舆论氛围。

我国“双碳”目标实施，是一个多维、立体、完整的系统工程，发挥地方、行业、企业和公众的积极性和创造性，保障资源供给能力，优化能源消费结构，构建碳达峰碳中和标准体系，开展全生命周期碳排放盘查，建立行业碳排放数据库，加强绿色低碳加工技术的研发与推广，延长产品设备的使用周期，培养专门人才，加大宣传力度，以迎接未来广阔的市场发展空间，助推建筑物资租赁承包行业绿色低碳高质量发展。

（中国基建物资租赁承包协会会长喻迺秋）

镁质建材碳排放现状和减碳实施路径

中国菱镁行业协会

实现碳达峰碳中和是以习近平同志为核心的党中央统筹国内国际两个大局，着眼于经济绿色发展和高质量发展作出的重大战略部署。“十四五”是碳达峰的关键期、窗口期，也是推动经济高质量发展和生态环境持续改善的攻坚期。中共中央、国务院印发《关于完整准确全面贯彻新发展理念做好碳达峰碳中和工作的意见》，国务院印发《2030年前碳达峰行动方案》，就确保如期实现碳达峰碳中和目标作出全面部署，明确了总体要求，确定了主要目标，部署了重大举措，指明了实施路径和方向，两个重磅文件的相继出台，既是顶层设计，也是举国行动指南，成为各行业推进“双碳”工作的必然遵循，对确保如期完成碳达峰碳中和这一艰巨任务具有重大意义。镁质建材作为一种低碳、环保、生态、健康、安全的绿色建材，是代替木材和水泥的重要新型胶凝材料，将助力我国实现碳达峰碳中和目标。

一、镁质建材基本概况

镁质建材是以镁质胶凝材料为主要原料的新型建筑材料。镁质胶凝材料又称为镁水泥，目前，已发展细分为氯氧镁水泥、硫氧镁水泥、磷酸镁水泥三大体系。镁质建材具有防火保温、轻质高强、低碳环保、安全无毒、加工性能好，资源高效利用、可再生、可降解、抗化学侵蚀、防霉、防虫蛀等优良性能，是一种优质的功能性建筑材料。

近年来，《关于印发〈促进绿色建材生产和应用行动方案〉的通知》（工信部联原〔2015〕309号）、《国务院办公厅关于促进建材工业稳增长调结构增效益的指导意见》（国办发〔2016〕34号）、《市场监管总局办公厅 住房和城乡建设部办公厅 工业和信息化部办公厅关于加快推进绿色建材产品认证及生产应用的通知》（市监认证〔2020〕89号）等一系列政策的出台，为镁质建材产业快速发展提供了良好的政策和市场环境，镁质建材已形成了从原材料制备、制品生产、到工程应用的完备产业链，产品品种达100余种，已广泛应用于建筑及装饰装修工程、医疗设施、交通和电力工程、市政工程、海洋工程、国防工程、农业工程、轻工等领域。代表性产品主要有防火装饰板、净化板、功能性地板、轻质隔墙条板、楼承板、复合通风管道、排烟（气）道、建筑及园林景观工艺制品等。

二、镁质建材碳排放现状

镁质建材作为绿色、环保、健康、安全的建筑材料，生产制造过程无须烧结和蒸养，无废气、废水、粉尘和放射性物质的排放，可替代木材，减少森林砍伐，可提高资源利用效率，减少能源消耗，但其主要原材料轻烧氧化镁的煅烧仍存在设备落后、能耗高、污染重等问题。

（一）镁质建材具有能耗低、排放少、无污染等优点

镁质胶凝材料是气硬性胶凝材料，产品生产制造过程无须烧结和蒸养，无废水、废气、粉尘和放射性物质的排放，具有良好的节能、环保、低耗功能。与钙质水泥、石膏生产耗能对照见表1。从表1可以看出，

镁质水泥原材料生产能耗大大低于钙质水泥，和石膏生产热能消耗接近，镁质水泥制品生产基本不消耗热能，总能耗是钙质水泥的 3/5，石膏的 2/3，CO_2 排放约为钙质水泥的 1/2，石膏的 2/3。

表 1　镁质水泥与钙质水泥、石膏生产耗能对照表

项目	钙质水泥	石膏	镁质水泥
形成原理	$CaCO_3$+ 黏土 $\xrightarrow{煅烧}$ $CaO \cdot SiO_3$+$CaO \cdot Al_2O_3$+ $CaO \cdot Al_2O_3 \cdot Fe_2O_3$	$CaSO_4 \cdot 2H_2O \xrightarrow{煅烧}$ $CaSO_4 \cdot 1/2H_2O$+ $3/2H_2O$	$MgCO_3 \xrightarrow{煅烧}$ $MgO+CO_2\uparrow$
煅烧温度（℃）	1400～1450	150～170	700～900
热能消耗（kJ/kg）	3500～3762	1758.1	2100
煤耗（标准煤）（kg/t）	123.91	60	71
制品生成能耗（kg/t）	11	45.32	0
总能耗（标准煤）（kg）	134.91	105.32	71
能耗比	1.0	0.78	0.53
相对于钙质水泥制品节能（%）	0	22	47
相对于钙质水泥原料生成节能（%）	0	51.58	42.70
CO_2 排放量（kg）	358.86	280.15	188.86
相对于钙质水泥 CO_2 减排率（%）	0	21.93	47.37

（二）镁质建材可有效代替木材，减少森林砍伐，助力实现“双碳”目标

20 世纪 50 年代初期，出于节约代用木材的需要，我国开始鼓励和支持发展镁质建材，近七十年来，镁质建材产业为我国木材节约代用事业作出了巨大贡献，累计节约木材近 2 亿立方米。目前，镁质建材主流产品年产量达到 16 亿平方米，可折算为减少原木消耗 1920 万立方米，相当于减少森林砍伐 35 万公顷，减少 CO_2 排放 5820 万吨，为我国实现“双碳”目标提供了重要助力。

（三）镁质建材可有效提升资源、能源综合利用效率

镁质建材的主要原材料轻烧氧化镁由三级、四级低品位菱镁矿、尾矿、废弃矿渣经高温煅烧而成，氯化镁是生产纯碱、氯化钠和制造钾肥的副产品，硫酸镁是氨工业副产品；镁质胶凝材料是固体废弃物优良的黏结材料，可大量消纳粉煤灰、钢渣、赤泥、污泥、秸秆、锯末等工矿和农林固体废弃物等。发展镁质建材可有效提高资源、能源综合利用效率，减少工业废弃物排放和环境污染。

（四）轻烧氧化镁生产仍存在设备落后、高能耗、高污染、高排放等问题

轻烧氧化镁（MgO）是由直径大于 40mm 菱镁矿块料在反射窑中焙烧加工而成，每生产 1tMgO，就会产生 1tCO_2；轻烧氧化镁煅烧多采用发射性竖窑，设备落后，生产效率较低，煅烧采用的主要燃料为煤炭，生产过程中也会产生大量粉尘及 CO_2 排放。轻烧氧化镁煅烧占镁质建材全生命周期碳排放的 90% 以上。

三、镁质建材行业减碳实施路径

（一）加强先进技术攻关，促进低碳技术推广应用

加快技术自主创新及推广应用，推动镁质建材行业加快实现“碳达峰碳中和”目标，应从轻烧氧化镁生产核心环节入手降低 CO_2 产生和排放，重点研究：①减排燃烧技术，即通过推进超低能耗的生产技术研发及应用有效提升能源利用效率降低碳排放；②替代燃料大比例掺烧使用技术，通过研发替代原料、燃料技术，降低碳排放；③研究开发新型、大型窑炉和低温煅烧工艺，例如悬浮煅烧技术、BSK 节能环保型轻烧镁竖窑技术、菱镁矿输送床闪速轻烧成套技术、塔式复热轻烧镁竖窑等；④碳捕集、封存及利用技术（CCUS），目前已有很多学者、研究机构开展该方面前瞻性研究及示范应用，该技术可以有效吸附烟气中的 CO_2，但因时间及经济效益问题还未实现大规模工业化应用。同时应加快先进绿色低碳技术推广应用，推动建立健全先进技术共享机制和成果转化机制，促进先进绿色低碳技术成果转化应用。

（二）成立专项资金，推进反射窑“关停并转”专项行动

我国轻烧氧化镁煅烧主要集中在辽宁省，辽宁省应成立专项资金，推动先进窑炉和煅烧工艺的研发；对企业节能环保设备改造给予补贴，鼓励企业对环保落后生产设备进行更新换代；建立轻烧氧化镁煅烧产业园区，引导企业入园集中管理，集中供热，提高能源利用效率，并有效地对企业的能源消耗、碳排放、污水排放等进行统一监管；加快制订环保评级评价标准和制度，推动实施“关停一批、改造一批、升级一批”，对规模较小、工艺技术落后、安全环保措施不到位、证照不

齐全的企业坚决关停；对设备先进，环保和能耗不达标的企业，督促尽快完成改造；在资金、政策等方面支持一批企业把落后窑炉改造为先进的新式、大型窑炉。

（三）加快产业转型升级，推动行业由“要素驱动”转向“创新驱动”

首先要创新模式，通过强化“政、协、企、学、研、用”之间的紧密合作，形成结构合理、富有活力、运行高效的协同创新体系；其次要创新装备和工艺，提升装备和工艺的节能化、标准化、自动化、数字化、精细化水平，提高产品质量和生产效率；最后要创新产品和应用，调整产品结构，开发高性能、高质量、多功能、轻量化产品，推进镁质建材产品集成化、系统化、装配化，并加快镁质建材应用领域的开发，形成产品质量提升和推广应用同步的发展新格局。

四、镁质建材行业减碳技术相关案例

（一）菱镁矿流态化低温焙烧技术

菱镁矿流态化低温焙烧技术是由沈阳鑫博工业技术股份有限公司研究开发，采用菱镁矿流态化焙烧技术，在提升产品质量的前提下，极大地缩短了炉内焙烧时间、提高了热效率并降低了产品能耗，为轻烧氧化镁的大规模、高效、连续化生产奠定了基础；采用封闭式低温、闪速焙烧技术，装备为多级串联式布局，整体密闭，保证了生产过程全程无粉尘、燃烧尾气等污染物泄漏，操作平台工作环境良好；采用余能梯级利用技术，实现余能按品质的梯级利用，达到了单位产品节能约 30% 的目标；采用基于多信息源的集散自动控制系统，可实现连续控制、梯形逻辑控制、顺序控制以及批量处理等功能，也可实现数据采集、检测、报警、应急处置和传达信息的功能，实现管控一体化，生产安全、稳定，劳动生产率更高；采用智能化系统集成技术，实现了单台年产 10 万、20 万、30 万吨及以上的大规模、集约化清洁生产装备，单套装备正常操作管理人员仅为 4 人，生产安全、稳定，劳动生产率高，运行成本低。菱镁矿流态化低温焙烧技术与反射窑技术指标对比见表 2。

菱镁矿流态化低温焙烧技术通过创新应用的流态化焙烧技术，实现了菱镁矿焙烧的大规模、集约化生产，目前已经实现了单台产能 30 万吨 / 年的规模，并已经开展产能 50 万吨 / 年规模的前期论证工作，促进了菱镁行业的技术和装备换代。

表 2　菱镁矿流态化低温焙烧技术与反射窑技术指标对比

序号	指标名称	流态化低温焙烧窑	反射窑
1	规模（单台年产能）	300kt/a 及以上	约 10kt/a
2	热耗	湿矿：1050～1200kCal/kg； 干矿：920kCal/kg	2000～2500kCal/kg
3	装置占地	700m^2	6000m^2
4	产品质量	灼减≤ 2%（可控）； 活性时间低于 75s（可控）	150s
5	粉尘排放	≤ 10mg/Nm^3（超低排放指标）	≥ 100mg/Nm^3
6	氮氧化物	≤ 50mg/Nm^3	约 300～450mg/Nm^3
7	装备水平	DCS 控制，自动化水平大大提高，节省人力资源，减小劳动强度	生产工艺，人工操作，检测手段单一，自动化水平低

（二）菱镁矿输送床闪速轻烧成套技术

菱镁矿输送床闪速轻烧成套技术是由沈阳化工大学联合中国科学院过程工程研究所和辽宁隆镁科技有限公司开发并产业化，该技术创新采用“低焦油流化床两段气化”联合“输送床闪速轻烧”技术，使用小颗粒低品位矿石为原料，解决轻烧反应时间长、产品品质差问题；轻烧全过程热能梯级回用，解决“反射炉”能耗高、效率低问题；用低焦油气化替代“水煤气发生炉”，解决煤气生产低效率、高污染、高安全风险问题；采用全封闭输送床连续煅烧替代“反射炉”间歇操作，解决轻烧过程粉尘污染大、工作环境恶劣问题。该项技术具有产品能耗低、自动化程度高、轻烧氧化镁产品稳定、活性高的优势。目前，该技术正在海城市实施40万吨级工业示范，为国内外单台套规模最大的菱镁矿轻烧装置。

（三）BSK节能环保型轻烧镁竖窑技术

BSK节能环保型轻烧镁竖窑技术以清洁能源天然气为燃料，外置燃烧技术可以实现窑炉内物料均匀受热，1150℃的窑内烧结温度，有利于控制产品活性，均匀的烧结层断面温度又可以让烧碱活性均匀，产品质量稳定。与此同时，竖窑使用的沸腾固定流化床冷却技术很好地控制了出料的温度，最低可降至40℃左右。BSK节能环保型轻烧镁竖窑技术在海城市中昊镁业有限公司进行了实地中试，经过不断改进与完善，这项技术具备了原料控制性强，可实现连续性生产，自动化程度高、成本低、节能环保等优势。

（四）菱镁矿粉闪速旋转流动态煅烧炉新技术

菱镁矿粉闪速旋转流动态煅烧炉新技术首先将浮选后的精矿粉或磨成粉状的矿粉（180～200 目）连续输入干燥器，进行打散脱水处理，其干粉完全恢复了原始粒度，再进入预热段进行提温，约 3～5s 即完成煅烧过程，带有多孔径、高活性、大比表面积的热熟料进入收集系统及风冷却系统。这套生产工艺和设备的优点是，生产环保达标无污染，粉体物料回收效率高（大于 99.9%）、高温气固混合粒子热分解充分、无过烧无欠烧、比表面积大、活性高、煅烧温度稳定可控、产品质量稳定、充分利用热源与干燥及多级预热器组合形成高效节能设备。目前，这种新技术被辽宁东和新材料有限公司、海城市国正矿业有限公司等多家企业采用。

（中国菱镁行业协会常务副会长曹长坤）

综合交通运输体系低碳发展路径

中国城市公共交通协会

一、低碳交通体系构建

国务院新闻办公室在2020年底发布的《中国交通的可持续发展》白皮书中提出推进交通运输绿色发展。全面推进节能减排和低碳发展，严格实施能源消费总量和强度双控制度，着力提升交通运输综合效能。目前，全国铁路电气化比例达到71.9%，新能源公交车超过40万辆，新能源货车超过43万辆，天然气运营车辆超过18万辆，液化天然气（LNG）动力船舶建成290余艘，机场新能源车辆设备占比约14%，飞机辅助动力装置（APU）替代设施全面使用，邮政快递车辆中新能源和清洁能源车辆的保有量及在重点区域的使用比例稳步提升。全国942处高速公路服务区（停车区）内建成运营充电桩超过7400个，港口岸电设施建成5800多套，覆盖泊位7200余个，沿江沿海主要港口集装箱码头全面完成“油改电”。绿色交通省（城市）、绿色公路、绿色港口等示范工程，年节能量超过63万吨标准煤。

在2021中共中央、国务院印发《关于完整准确全面贯彻新发展理念做好碳达峰碳中和工作的意见》中提出加快推进低碳交通运输体系建设。其中包括优化交通运输结构、推广节能低碳型交通工具和积极引导低碳出行三个方面。

步行和自行车交通作为低碳绿色交通出行方式，对于优化城市客运交通出行结构、减少碳排放、缓解交通拥堵等均具有重要意义，全国各个城市也在不同层面推动低碳绿色出行。从20世纪80年代至今，自行车交通结构发生了巨大的变化，自行车种类更加丰富：从最早的私人普通自行车、人力三轮车、畜力三轮车等为主，演变到目前的私人普通自行车、私人电动自行车、电动三轮车、互联网租赁自行车、互联网租赁电动自行车等为主。

二、互联网租赁自行车交通行业发展

共享交通模式的出现改变了公共交通的结构，弥补了公共交通出行中慢行交通不能“公共”的缺失，推动了慢行交通的进一步发展，并重新让自行车回归到主流交通工具中。经过几年的磨合与发展，共享慢行交通已经逐渐成为城市人民出行的重要方式，通过合理的科技管控技术手段，做到总量管控、精准调度以及实时监测。据统计，2021年共享电单车及共享单车的出行使用平均每月占公共交通出行次数比例为23.5%，在减少城市交通碳排放上效果显著，全国共享电单车及共享单车平均每月减少出行碳排203.1万吨，相当于植树264.3万棵，已经成为城市公共交通出行的重要方式。

以北京市为例，互联网租赁自行车自2016年9月进入北京市，至今已发展了近5年，从2016年的约20万辆快速发展到2017年底超过200万辆。随后开始逐渐规范化并实施总量控制，目前约90多万辆，其中中心城区80万辆，其他9个新城合计超过10万辆。互联网租赁自行车运营企业也从最初的十余家，发展至目前的三家，基本进入稳定发展期。由于运营精细化水平提升，虽然互联网租赁自行车总量有所下降，但日均骑行量逐年提升，2021年日均骑行量约200万车次。

针对互联网租赁自行车出现后带来的停车秩序问题，北京市也采取了包括建设监测平台、定期评估、设置电子围栏等手段进行改善，效果显著。

三、电动自行车交通行业发展

疫情以来，电动自行车作为城市交通出行、通勤的主要载体，一方面保障了人民出行的基础要求，一方面为城市交通的卫生出行作出了巨大贡献。电动车作为自行车的业态升级已经融入百姓生活，合规合标的电动车安全骑行率可以到达 100%。各类自行车统计指标见下表。

表　各类自行车统计指标

行业	统计指标
私人电动自行车	单车日均出行里程 7.56km
	单车日均充（耗）电量 98.6（W·h）
	单位出行里程耗电量 13[(W·h)/km]
共享电动自行车（共享助力车）	单车日均出行里程 61.1km
	单车日均开锁次数 13 次
	单次开锁平均骑行里程 4.7km
共享自行车	单车日均出行里程 10.8km
	单车日均开锁次数 6 次
	单次开锁平均骑行里程 1.8km
共享电动自行车充电桩（含城市配送）	单桩日均充电量 1098（kW·h）
	单桩日均充电次数 19 次
	单次平均充电量 61（W·h）

数据显示，电动自行车作为新的交通出行业态，主要解决城市中短途（2～8km）出行，共享电单车将“最后一公里”扩大到“八公里”。在缓解城市交通压力、治理交通拥堵问题上成效显著。随着两轮电动车进入城市交通体系，成为更加低碳和高效的出行方式，私人电动车成为75.46%在10km以下城市出行中人们的首选，共享电单车在城市的日出行里程平均为61.1km，在缓解交通拥堵的前提下，同时对人民出行起到了减排增效的辅助作用。更好地推动城市公共交通体系、共享出行体系，完善城市微循环慢行交通的建设，三者合一减少包括四轮、两轮的私家用车。

慢行交通概念在我国缺乏明确的定义，广谱认知度也并不高，随着住房城乡建设部印发《关于开展人行道净化和自行车专用道建设工作的意见》及城市体检、城市更新中切合习近平总书记提出的“人民城市为人民”理念而开始推广。根据现在的大众出行习惯，自行车（1～3km）为主要出行工具，电动车（3～10km）成为民众通勤及出行重要工具，公交车、地铁及私家车（10km以上）相互交替。电动车作为自行车的升级业态，是城市交通工具的进步，也是未来城市慢行交通的主要方式，是满足人民幸福出行的重要渠道，是不可逆的发展模式，其本身就具有部分节能减碳与交通拥堵环节能力。作为短距离出行主要工具，电动车成功替代了部分违规车辆及私家车出行，解决了人民出行难问题，延伸了慢行交通的范围，有效提升了人民出行的幸福感和满意度。非国标车辆的清退、国标车辆的规范管理将进一步推动城市慢行交通的安全发展，也将进一步促进慢行交通、共享交通的城市革新。

四、低碳交通体系构建的技术路径

低碳交通体系构建主要包括优化交通运输结构、积极引导低碳出行和推广节能低碳型交通工具三个方面。

（一）优化交通运输结构

加快建设综合立体交通网，大力发展公铁联运、海铁联运等多式联运，提高铁路、水路在综合运输中的承运比重，持续降低运输能耗和二氧化碳排放强度。以北京市为例，现状交通领域碳排放中，航空、铁路、公路客货运的碳排放量约占58%，其中航空约占34%，公路约占13%。无论是碳排放总量，还是碳排放强度，航空、公路均高于铁路、水运。因此，提升交通运输结构中的水运、铁路运输比重，降低航空、公路运输比重，同时发展公铁联运、海铁联运等，有助于降低运输能耗和二氧化碳排放强度。

（二）积极引导低碳绿色出行

构建“小街区密路网”城市格局，合理规划城市布局，加强混合用地规划，避免分区功能的单一化、避免职住分离、减少对小汽车的依赖。贯彻“慢行优先、公交优先、绿色优先”的城市交通发展理念，加快城市轨道交通、公交专用道、快速公交系统等大容量公共交通基础设施建设，加强城市步行和自行车交通系统建设，同时加强交通需求管理，降低小汽车的使用强度。以北京市为例，城市客运交通碳排放（现状）中小汽车占比70%以上，地面公交和轨道交通占比不足20%，而步行是零碳交通出行方式，自行车交通出行碳排放也占比极低。通过将中短距离小汽车出行向步行和自行车交通转移，长距离小汽车出行向轨道和地面公共转移，并缓解交通拥堵、改善环境质量。

（三）推广节能低碳型交通工具

一方面，调整能源结构通过提升绿电占比，使轨道交通、电动公交车、电动自行车的用电更加低碳；另一方面，推进公交车、小汽车的电动化进程，加快发展新能源和清洁能源车船，推广智能交通，推进铁路电气化改造，推动加氢站建设等，降低现有交通工具的碳排放。

构建低碳综合交通运输体系是一项系统工程，也是一个循序渐进的过程，应该从政府、企业和个人层面一起努力，遵循降碳—减碳—零碳的发展路径，通过在交通运输发展的各个环节采取综合措施降低碳排放，最终建立一套以低排放、高能效、高服务水平为基本特征的可持续综合交通运输模式。

（中国城市公共交通协会屈晔、黄斌）

“双碳”目标下制冷空调行业技术发展的思考①

中国制冷空调工业协会

中共中央总书记习近平在中国共产党第十九次全国代表大会报告中指出，坚持人与自然和谐共生，必须树立和践行绿水青山就是金山银山的理念，坚持节约资源和保护环境的基本国策。2009 年 12 月，时任中国国务院总理温家宝在哥本哈根世界气候大会上郑重承诺：到 2020 年中国单位国内生产总值二氧化碳排放比 2005 年下降 40%～45%。2020 年 9 月 22 日，国家主席习近平在第七十五届联合国大会上向国际社会宣布，中国将力争 2030 年前达到二氧化碳排放峰值，努力争取 2060 年前实现碳中和。碳达峰是指能源活动二氧化碳排放量出现峰值拐点并在此后开始进入下降通道，意味着经济社会发展与二氧化碳排放的脱钩。碳中和则指每年直接或间接产生的温室气体排放总量，通过自然系统碳汇和工程碳移除技术实现“净零排放”。2030 年前碳达峰是二氧化碳的达峰，2060 年前要实现碳中和包括全经济领域温室气体的排放，不只是二氧化碳，还有甲烷、氢氟化碳等温室气体，包括从二氧化碳到全部温室气体。中国是全球最大的能源消费国，也是全球最大的温室气体排放国，2019 年中国一次能源消费在全球一次能源消费总量中占比超过 24%，年温室气体排放总量接近 100 亿吨二氧化碳当量。碳达峰碳中和对中国而言将是一个巨大的挑战。

---

① 本文选自《制冷与空调》（2022 年 1 月刊 1～10 页）。

中国是当今全球最大的制冷空调设备制造国和消费市场，行业内多项产品产量位居世界第一。制冷空调产业已成为我国装备工业的有生力量和国民经济的重要组成部分。从人们的日常家居生活中普遍使用的冰箱、空调，到各种交通工具，再至农林牧副渔行业与食品加工、医疗卫生、电子电器、工业过程及国防工业等领域，都离不开制冷空调设备。制冷空调设备也是国家经济生活中的能源消耗大户，据相关机构统计测算，目前各类在用的制冷空调设备耗电量占全社会发电总量的 20% 以上。中国也是当今全球最大的制冷剂消费国，经测算中国的制冷剂消费量超过全球的 50%，各类制冷剂（HCFCs、HFCs、天然工质等）的年消费量超过 35 万吨，折合二氧化碳当量超过 5.5 亿吨。要实现“双碳”目标，对中国制冷空调行业而言，无疑是一个巨大的挑战。

一、国内外温室气体减排相关政策

绿色低碳发展已成为全球共识，截至 2021 年 11 月，已有超过 130 个国家和地区提出了零碳或碳中和的气候目标，据能源与气候智库（ECIU）统计，全球 136 个国家及地区提出碳中和目标，包括已实现碳中和的 2 个国家，已立法的 6 个国家，处于立法中状态的包括欧盟（作为整体）和其他 5 个国家；20 个国家（包括欧盟国家）已发布了正式的政策宣示；提出目标但尚处于讨论过程中的国家和地区近 100 个。

（一）国际公约

随着人们对环境问题的关注，全球变暖问题引起了广泛关注。根据观测，地球表面平均温度自 19 世纪以来上升了 1℃左右（图 1）。在 19 世纪，科研人员已确定二氧化碳是重要的温室气体之一，二氧化碳可以在大气层形成一道屏障将地球散发的热量又反射回地球表面。根据对大气空气中二氧化碳的直接监测，在过去的200年间，大气中的二氧化碳增加了40%以上，尤其是1970年以后，增加更快。人类活动直接或间接排放的二氧化碳对于这一变化起着重要的作用。

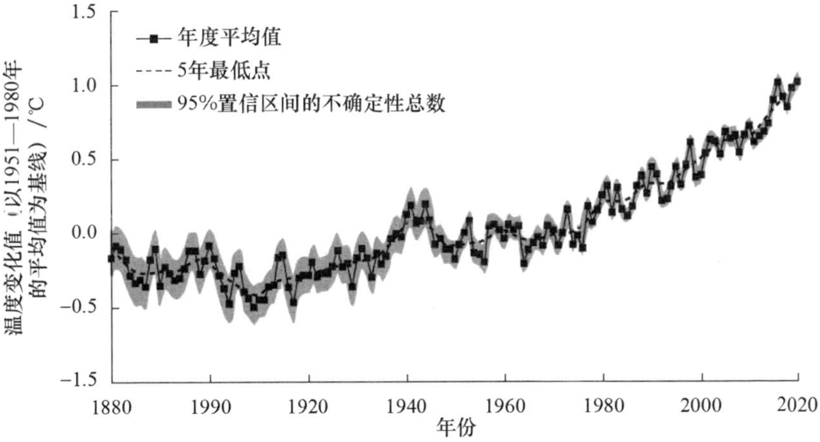

图1　全球地表平均温度变化曲线

为了应对全球气候变暖给人类经济和社会发展带来的不利影响，国际社会于1992年达成了《联合国气候变化框架公约》，并在此框架下于1997年进一步签署了《京都议定书》，鼓励各个国家以自主承诺的方式减排温室气体，《京都议定书》规定从2008年到2012年的第一承诺期间，主要工业发达国家的温室气体排放量要在1990年的基础上平均减少5.2%。随着《京都议定书》第一承诺期结束，历经多方谈判和努力，2015年12月，在《联合国气候变化框架公约》框架下召开的巴黎气候变化大会上，近190个缔约方终于达成一致，通过了关于气候变化的《巴黎协定》，为2020年后全球应对气候变化行动做出了安排。

《巴黎协定》的长期目标是把全球平均气温升高相较于工业化前水平控制在2℃之内，并为把升温控制在1.5℃之内而努力。全球将尽快实现温室气体排放达峰，21 世纪下半叶实现温室气体净零排放。《巴黎协定》已于 2016 年 11 月 4 日正式生效，目前已有 195 个国家和地区被正式批准加入《巴黎协定》。

2021 年 10 月 31 日，联合国气候变化框架公约缔约方大会第二十六次会议在英国格拉斯哥开幕。这是《巴黎协定》进入实施阶段以来的首次气候大会，通过磋商协调，缔约方首次同意逐步压减未进行碳移除的煤电，对气候变化造成损失与损害的认识和回应较以往有所提高。中国和美国在会议期间发布《中美关于在 21 世纪 20 年代强化气候行动的格拉斯哥联合宣言》，提出了中美双方开展各自国内行动、促进双边合作及推动多边进程的具体举措，体现了双方在气候变化领域的合作。

目前国际上正在普遍采用的无臭氧破坏作用的 HFCs 类制冷剂，因其中大部分具有较高的 GWP 值，属于《京都议定书》所列明的应实施减排的六大类温室气体之一。2016 年 10 月 10 日，《蒙特利尔议定书》第 28 次缔约方会议于卢旺达首都基加利举办，经过艰苦的谈判，《蒙特利尔议定书》197 个缔约方达成一致，形成了关于 HFCs 削减的《基加利修正案》。这一修正案是迄今为止为推动实现巴黎气候大会商定的“到本世纪末将全球气温上升幅度控制在 2℃以内”的目标做出的最大响应行动。根据科学评估，履行基加利修正案的管控要求可使 HFCs 排放量在本世纪末降至每年 10 亿吨二氧化碳当量以下，每年可避免 56～87 亿吨二氧化碳当量排放，最多可避免全球平均升温 0.4℃。

（二）发达国家相关政策解读

1. 欧盟国家

2020 年，欧盟 27 国领导人在布鲁塞尔举行的峰会上就更高的温室气体减排目标达成一致，决定到 2030 年时欧盟温室气体排放要比 1990

年减少至少 55%，到 2050 年实现碳中和。欧盟成员国将通过利用清洁能源，发展循环经济，抑制气候变化，恢复生物多样性，减少污染等措施提高资源利用效率，实现经济可持续发展。为此，欧盟制定了详细的路线图和政策框架。在产业政策层面，欧盟将发展重点聚焦在清洁能源、循环经济、数字科技等方面，政策措施覆盖工业、农业、交通、能源等几乎所有经济领域。此外，欧盟还提出了“可持续欧洲投资计划”，未来欧盟长期预算中至少有 25% 专门用于气候行动。欧洲投资银行也启动了相应的气候战略和能源贷款政策，到 2025 年将把与气候和可持续发展相关的投融资比例提升至 50%。

2. 英国

2019 年，英国提出了到 2050 年实现净零排放的目标。当前，英国各地都做出了一定程度的行动，实现净零经济的关键支柱行动所需要的政策及措施已在积极落实或正在发展中，包括增加低碳电力供应（到 2050 年需要翻两番），发展高效的低碳建筑供暖、发展电动汽车，加强碳捕获和发展氢能，停止可生物降解的垃圾填埋场，逐步削减含氟气体，增加植树，在农场实施减少排放的措施等。

3. 法国

2020 年，法国制定并通过“国家低碳战略”，并颁布法令，设定 2050 年实现碳中和的目标。根据法令，法国将建立碳预算制度，依法制定法国国内绿色增长与能源转型的时间表。此外，法国政府在过去几年还制定并实施了《多年能源规划》（PPE）及《法国国家空气污染物减排规划纲要》等，为实现节能减排、促进绿色增长提供有力的政策保障。当前，新冠疫情使法国经济复苏乏力，发展可再生能源急需大量资金支持。尽管法国政府从立法层面采取措施激励各类主体参与国家绿色增长和能源转型，但仍面临妥善解决煤电和核电行业新增失业、强化企业发展可再生能源意愿、改变居民用电习惯等诸多挑战。

4. 德国

2019年，德国通过了《气候保护法》，首次以法律形式确定德国中长期温室气体减排目标，到2030年实现温室气体排放总量较1990年至少减少55%，到2050年实现温室气体净零排放。计划为能源、建筑、交通、贸易和工业、农业和林业等领域制定2030年行业减排目标，并引导公众进行参与和监督。德国将从2021年起启动国家排放交易系统，向销售汽油、柴油、天然气、煤炭等产品的企业出售排放额度，由此增加的收入将用来降低电价、补贴公众出行等。

5. 日本

2020年，日本政府公布了脱碳路线图草案，提出将于2050年实现净零排放，还为海上风电、电动汽车等14个领域设定了不同的发展时间表，旨在通过技术创新和绿色投资的方式加速向低碳社会转型。根据草案，日本政府将投入大量资金，鼓励14个行业的技术创新和潜在增长，包括海上风电、氢氨燃料、核能、汽车、海运、农业、碳循环等。主要目标包括：①将在15年内淘汰燃油汽车；②到2050年，可再生能源发电占比较目前水平提高3倍，发电比重达到50%～60%；③引入碳价机制助力减排等。日本经济产业省将通过监管、补贴和税收优惠等激励措施，动员超过240万亿日元的私营领域绿色投资，力争到2030年实现90万亿日元的年度额外经济增长，到2050年实现190万亿日元的年度额外经济增长。

6. 美国

2021年11月1日，美国正式发布《迈向2050年净零排放的长期战略》，公布了美国实现2050碳中和终极目标的时间节点与技术路径。对截至2020年12月美国所有领域的气候相关政策与行动进行详细评估，通过政策和行动使美国实现2030年中期目标：将碳排放减少到2005年的50%～52%，提出2030年与2040年的路径规划，从而达到2050年净零目标。阐明美国为加速气候适应和建立国内国际气候韧性所制定的前瞻优先项，包括国内气候影响和脆弱性、适应性进展、教训、近期政策和其他举措，目的是增强气候适应能力、提升韧性和降低气候变化脆弱性。

（三）中国相关政策措施

为实现碳达峰碳中和目标，我国将建立健全绿色低碳循环发展的经济体系，将碳达峰碳中和纳入生态文明建设总体布局，以经济社会发展全面绿色转型为引领，以能源绿色低碳发展为关键，加快形成节约资源和保护环境的产业结构、生产方式、生活方式、空间格局，坚定不移走生态优先、绿色低碳的高质量发展道路。2021年5月，中央层面的碳达峰碳中和工作领导小组正式亮相，领导小组将组织制定并陆续发布“1+N”政策体系，其中“1”是碳达峰、碳中和指导意见，“N”包括国家层面的“2030年前碳达峰行动方案”以及重点领域和行业政策措施和行动。2021年9月22日，中共中央、国务院印发了《关于完整准确全面贯彻新发展理念做好碳达峰碳中和工作的意见》（以下简称《意见》）。《意见》作为碳达峰、碳中和“1+N”政策体系中的“1”，从顶层设计上明确了做好碳达峰碳中和工作的主要目标、减碳路径及相关配套措施，为日后碳达峰碳中和行动方案、各行业政策措施和行动提供政策支撑。为了更好地贯彻落实“双碳”目标，国务院于2021年10月24日发布了《2030年前碳达峰行动方案》，提出了2025年（“十四五”结束）和2030年（“十五五”结束）两个碳达峰关键期的目标和重点任务。到2025年，非化石能源消费占比为20%左右，单位国内生产总值能源消耗比 2020 年下降 13.5%，单位国内生产总值二氧化碳排放比 2020 年下降 18%，为实现碳达峰奠定坚实基础。到 2030 年，非化石能源消费占比为 25% 左右，单位国内生产总值二氧化碳排放比 2005 年下降 65% 以上，顺利实现 2030 年前碳达峰目标。围绕着“双碳”目标，近期国家发展改革委、生态环境部、财政部等相关部委相继发布了多项配套政策和行动措施方案，有力地推动了碳达峰碳中和工作向前开展（表 1）。

表 1　中国政府“双碳”相关政策文件汇总

序号	发布时间	政策名称	发布者和内容说明
1	2021 年 9 月 22 日	《关于完整准确全面贯彻新发展理念做好碳达峰碳中和工作的意见》	由中共中央、国务院发布，主要内容为顶层设计
2	2021 年 11 月 16 日	《深入开展公共机构绿色低碳引领行动促进碳达峰实施方案》	由国家机关事务管理局、国家发展和改革委员会、财政部、生态环境部共同发布，主要内容为公共机构实施方案
3	2021 年 10 月 27 日	《中国应对气候变化的政策与行动》白皮书	由国务院发布，主要内容为中国实施一系列应对气候变化战略、措施和行动，参与全球气候治理，应对气候变化取得了积极成效
4	2021 年 10 月 24 日	《2030 年前碳达峰行动方案》	由国务院发布，主要提出了 2025 年（“十四五结束”）和 2030 年（“十五五结束”）两个碳达峰关键期的目标和重点任务
5	2020 年 10 月	《国家标准化发展纲要》	由中共中央、国务院发布，主要内容为建立健全碳达峰碳中和标准

续表

序号	发布时间	政策名称	发布者和内容说明
6	2021年9月29日	《中国受控消耗臭氧层物质清单》	由生态环境部联合相关部委发布，将氢氟烃（HFCs）纳入了受控物质清单
7	2021年6月17日	《〈关于消耗臭氧层物质的蒙特利尔议定书〉基加利修正案》	主要内容对氢氟烃（HFCs）逐步削减
8	2021年3月12日	《中华人民共和国国民经济和社会发展第十四个五年规划和2035年远景目标纲要》	主要阐明国家战略意图，明确政府工作重点，是全国各族人民共同的行动纲领
9	2021年2月22日	《关于加快建立健全绿色低碳循环发展经济体系的指导意见》	由国务院发布，主要内容为建立健全绿色低碳循环发展的经济体系
10	2021年10月27日	《关于促进应对气候变化投融资的指导意见》	由生态环境部、国家发展和改革委员会、中国人民银行、中国银行保险监督管理委员会和中国证券监督管理委员会联合发布，主要发布了相关金融政策
11	2021年6月13日	《绿色高效制冷行动方案》	由国家发展改革委、工业和信息化部、财政部等七部委发布，主要内容为制冷行业行动方案

二、国家实现“双碳”目标的路径

目前，中国二氧化碳排放领域按照从多到少依次为：①电力和热力生产；②制造业和建筑；③运输部门；④住宅建筑和商业及公共服务；⑤其他领域。其中电力和热力生产、制造业和建筑两个领域二氧化碳排放量占比超过80%。与美国、英国等国家相比，中国制造业和建筑领域的二氧化碳排放量占比明显高出很多（图2）。

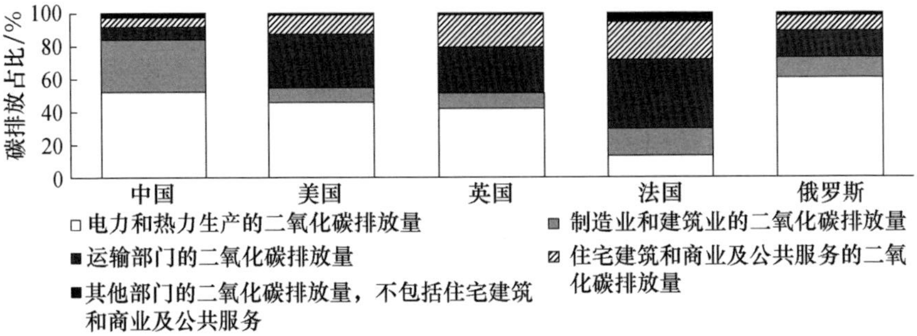

图2　各国各行业二氧化碳排放量结构

据相关机构分析，未来实现碳中和的主要路径包括：

（1）中国的能源结构将会发生深远的变化，需要大力发展清洁能源，比如水电、核电、风电、光电、生物质能发电等。由于清洁能源的不稳定性，储能将会得到快速发展，电池技术、抽水储能技术、氢能技术等也将有巨大的需求。电池技术、氢能源应用由于可广泛应用，所以前景广阔。

（2）调整产业与能源结构，节能优先。“节能是第一能源”，大力提升各种耗能设备的能效，将是我国实现碳中和目标的重要途径，并且节能可以在国家能源安全、环境治理、促进就业等方面产生正面效应。

（3）碳汇，碳捕集、利用与封存。碳汇，是指通过植树造林、植被恢复等措施，吸收大气中的二氧化碳，从而减少温室气体在大气中浓度的过程、活动或机制；碳捕集、利用与封存，是指将二氧化碳收集起来，并用各种方法储存以避免其排放到大气中的一种技术。

三、制冷空调行业实现“双碳”目标路径的探讨

制冷空调行业实现“双碳”目标的路径需遵循国家层面的“双碳”政策规划的指引。

（一）关注能源结构变化，开展多种能源综合利用

随着全社会“双碳”目标的推进，国家的能源结构和供给方式必然发生变化，行业推进“双碳”目标的实现，首先要适应这种能源结构的调整变化。一方面要大力推进可再生能源等清洁能源的利用使用，如太阳能、余热废热、空气源热泵、天然冷源等；另一方面，对使用清洁能源制取的冷量和热量，应从冷热两端加以全面利用，同时结合储能技术开发，解决清洁能源生产的不稳定性问题。

1. 大力推进清洁能源高效利用

太阳能、风能等是大自然提供的取之不尽用之不竭的最清洁的能源，未来的产业发展中，要充分考虑制冷空调设备引入和利用清洁能源的问题，创新应用方法和手段，实现低碳发展目标。风能、太阳能等可再生能源均呈现为直流供电特性，对这些可再生能源的利用必须考虑与直流技术的有机结合。在制冷空调行业，直流驱动调节技术近年来取得迅猛发展。直流技术的飞速发展为机组的变工况运行提供了可靠保障，使得被控制目标温度波动更小，制冷量调节更加连续稳定，在增加舒适性的同时还可以有效地提高系统的综合能效水平。直流技术的普及应用给行业的产业和产品结构带来了革命性的变化，直流调速技术除了压缩机的转速调控外正在向更多的产品领域延伸，包括风机、水泵、冷却塔等附属设备的控制和调节，更高水平的系统集成与

控制调节技术将会带来更多的节能潜力和经济社会效益。

研究太阳能和制冷设备的多种有机结合和利用方式，大幅度地提高太阳能的利用效率也是清洁能源利用的重要方向之一。目前行业内已经开发出太阳能光伏直驱的空调（热泵）系统并成功应用在多种场合。降低太阳能空调的初始投资成本和发展太阳能复合建筑供能系统，提升太阳能的利用效率，是未来太阳能在制冷空调行业应用的主要方向。

2. 余热（冷）、废热利用

我国余热资源非常丰富，提升利用潜力巨大，对于实现能源产业的可持续发展至关重要。在冶金、化工机械、电力等各种工业生产过程中，往往伴生大量余热资源。据相关机构测算，这些资源可换算成约 6 亿吨标准煤。采用不同的制冷或热泵技术对各种余热、废热热源进行充分地回收再利用，将可为国家节约大量能源资源。近年来，新型余热回收再利用技术不断涌现，如余热有机朗肯循环（ORC）发电技术、超高温热泵技术、喷射器余热发电、冷（热）电联供技术等。民用领域，在制冷空调系统内加装热（冷）回收装置，将制冷空调循环系统余热（冷）回收再利用，可以充分提高能源的综合利用率。

3. 热泵技术推广

热泵技术通过提取环境介质、余热资源中的低品位能量，提供可被利用的高品位热能，具有较大的节能利用价值。热泵每消耗一份能量，可以获得一倍甚至数倍的热量，大幅度地提高了能源的利用效率，是一种高效节能的产品。空气源、水源、地源、余热、废热等都可能成为热泵能量的来源。空气源热泵是近年来“煤改电”应用的主要形式之一，为国家的雾霾治理发挥了重要的作用。据有关数据，目前全国公共建筑存量近 150 亿平方米，公共建筑能耗 3.6 亿吨标煤。按广义空调系统能耗占建筑能耗的 50% 计，则通过利用热泵技术解决公共建筑供热系统的化石能源替代，减排效益将是巨大的。在未来“双碳”目标驱动的大背景下，热泵技术作为化石能源替代的主要手段之一，必将迎来更大广阔的发展机遇和市场应用空间，做好不同应用场合的功能匹配与应用技术开发将是需要关注的发展方向。

4. 天然冷源利用

我们祖先很早就有收集冰和雪等天然冷源应用于食品保鲜、防暑降温等方面的先例；现代北方的冰雕是自然冷源利用与艺术展现的有机结合；利用自然冷源的滑冰场和滑雪场则为人民群众提供了惬意的运动场所。除了冰和雪，自然冷源还包括冷的空气、水、永久冻土等。近年来，随着能源短缺问题的加剧，自然冷源在制冷空调行业得到越来越多地应用。

在合适的季节里，通过引入自然新风可以较为显著地降低建筑物空调系统能耗。近年来，数据中心随着互联网和移动通信的普及而得到蓬勃发展，数据中心空调系统需要全年不间断运行，在冬季或其过渡季节等气温较低的环境下，可以充分利用自然冷却替代部分或全部的机械制冷为数据中心降温冷却，取得显著的节能效果。

自然冷源利用受地区或者季节影响比较大，自然冷源如何跟使用侧需求、机械制冷系统和负荷之间优化匹配是需要重点解决的问题。

5. 为清洁能源生产提供全方位保障服务

“双碳”目标将带来清洁能源生产设施建设高潮。清洁能源生产建设离不开制冷空调设备的服务保障，将形成新的巨大市场。清洁能源设施工作环境复杂多样，对配套的制冷空调设备提出更高技术和质量要求。针对风电、光电、核电、水电、储能等不同新能源生产技术要求，研究和开发适用的专有技术和产品，将会赢得更多的市场发展空间。氢气作为零碳的能源载体，正在得到越来越多的关注：有机构预测到

2050年世界上20%的二氧化碳减排可以通过氢能替代完成，氢能消费将占世界能源市场的18%。氢能的高压储能、加压低温液化储存都需要用到压缩制冷装备。未来不管是氢能还是其他的清洁能源的生产和应用都离不开制冷技术的保驾护航，这也是对制冷行业提出了新的需求。

光伏、风电等一些清洁能源的输出不稳定是其一个重要特征，为解决这一问题，储能技术将会是重要的解决方案，储能技术作为清洁能源利用不可或缺的伴生品，将迎来高速发展良机。未来不同储能方式将在不同场合和领域各尽所长：包括有机械能储能、电气储能、电化学储能、热化学储能等，储能技术开发应用也少不了制冷空调设备的保障。另外，随着电池技术的快速发展，电池成本快速降低，电池储能电站、电动汽车等近年来也都取得了快速发展。由于电池储能密度大，短路引起的火灾爆炸事故时有发生，因此新型储能材料开发至关重要。电池储能技术的发展带动了热管理技术开发的需求，包括储能电站的热管理、电动汽车的热管理，也都是未来行业技术开发的重要方向。

（二）提升产品和系统能效

1. 提升产品能效

国际上有一个流行的观点，即节能是紧随煤炭、石油、天然气和电力之后的世界第五大能源。对于当今经济高速发展的能源需求巨大的中国而言，“节能是第一能源”已是政府和社会公认的基础理念。大幅度提升产品能效，是多年来行业重点开展的工作。

制冷空调设备常见的换热部件包括蒸发器、冷凝器、过冷器、中间换热器等。换热设备的传热特性对制冷空调设备的整机性能具有重要的影响。国内外对制冷换热器研究的总趋势是：通过传热机理及强化传热的研究，开发高效、紧凑、重量轻、可靠性高、经济性好的新型换热器。当前围绕“双碳”目标和制冷剂绿色替代，对换热器研究也进一步提出了新的课题和要求。

压缩机是制冷空调系统的“心脏”,是系统循环动力的来源。近年来，压缩机技术发展方向主要围绕环保、节能和应用范围的拓展。而新的替代制冷剂的应用，如采用 CO_2、NH_3、R290、R32、HFOs 等，也需要围绕压缩机开展改进设计或重新开发，以保证产品的性能和可靠性满足替代要求。

2. 系统节能

除了提升制冷系统中各个设备的能效，制冷系统实际运行能效的提升问题近年来也受到社会各界越来越多的关注。系统能效提升是一项复杂的工作，涉及对应用系统的集成优化设计及系统中各个设备的优化匹配控制等方面内容。

以空调系统为例,空调系统包括冷水（热泵）机组、水系统、风系统、控制系统等设备。按照兼顾动态负荷和使用保障要求的原则，要对空调系统进行优化设计和设备匹配，并结合自动控制和调节手段，使得系统在不同运行场合和时段均处在高效运行状态，达到节能运行的目的。推进用户端的系统集成设计和工程节能应用（负荷匹配、系统模拟、集成设计、经济运维），通过全面的系统集成和增效服务，充分适应新市场、新业态、新需求，不仅延伸了产品服务的内涵和外延，也拉动更多新的市场需求，为产业发展创造了新机会，增添了新动能。

3. 非蒸气压缩循环制冷技术推广应用

“双碳”经济发展为各类非压缩循环制冷技术，包括蒸发冷却技术、吸收式制冷、吸附式制冷、半导体制冷等的需求和发展带来新的发展机遇和市场空间。蒸发冷却技术作为一种利用可再生的“干空气能”

的冷却方式，具有节能、环保、运维费用低等优点，在中国北方气候干燥地区取得越来越多的应用。目前已成为快速发展的数据中心机房产业中有效利用自然冷能进行冷却降温的重要方法之一，节能降耗效果显著，呈现出更加广阔的发展前景。虽然其技术特点决定了应用范围有一定的局限性，但由于蒸发冷却系统不用压缩机，其系统在可用领域的实际运行效率高，在“双碳”大背景下必将迎来更多的市场机会，发挥出更大的节能价值和作用。

吸收式制冷技术在热回收和余热、废热利用方面具有独特的推广应用价值，在二十世纪八九十年代为解决全国性的电力短缺问题发挥了重要的作用，并取得长足发展。在电力供应充足的今天，吸收式制冷技术已回归其基本功能，成为工业热回收和余热、废热再利用市场的主力军，“双碳”目标将驱动吸收式技术再次迎来发展春天。

（三）开发低碳环保材料，推进资源循环利用

1. 开发低碳环保材料

未来要更多地开发和探索可能的低碳环保材料的应用，包括纳米材料、碳纤维等非金属材料、各种复合材料和新型功能材料以及零 ODP（臭氧消耗潜值）和低 GWP（全球变暖潜值）的制冷剂等。开发与这些低碳环保材料对应的新工艺、新方法，促进这些材料的使用和推广，提升材料的回收再利用率，将对行业实现“双碳”目标起到重要的支撑作用。

中国制冷空调行业一直以来开展《蒙特利尔破坏臭氧层物质管制议定书》履约工作，在消耗臭氧层物质的淘汰已经取得重要进展。同时，按照《〈关于消耗臭氧层物质的蒙特利尔议定书〉基加利修正案》的要求，开展 HFCs 削减活动时要关注能效提升的协同效应。在未来制冷剂

的替代选择上，多年来国际社会公认的选择标准是，替代制冷剂不仅要满足零 ODP、尽可能低的 GWP 外，还应综合考虑制冷剂本身的性质、制冷系统的节能性、环保性、安全性、经济性以及制冷剂的整个寿命期气候性能，选择对全球气候变化影响更低的替代物，这样才能实现环境效益的最大化。

从目前的技术发展状况看，在全球范围内尚未找到符合零 ODP、低 GWP、安全且高能效的完全理想的替代制冷剂，今后的趋势是在不同的产品领域使用不同种类的替代制冷剂，在目前全球技术的发展趋势下，零 ODP 值、低 GWP 值的替代品，如 CO_2、NH_3、R290、R32、HFOs 及其混合物等正在逐步走入我们的生活，也将成为未来新一代替代制冷剂的主要选择方向。

在新一代替代制冷剂选择过程中，由于首先需要考虑其环保性，故当今流行的替代制冷剂与上一代的制冷剂相比，或多或少地存在着不同方面的不足和缺陷，如压力过高、可燃、易爆或具有毒性等，在未来的推广应用中，需要针对替代制冷剂存在的问题，通过技术手段对不同制冷剂进行相应的“缺陷管理”，开发出适用的技术和装备，以此保证新型替代产品的安全推广使用。另外，减少系统中制冷剂的充注量，逐步完善制造、运输、存储、使用和维护过程中的安全设置和防护措施，制定或修订相关的法规、标准，加强培训等，也是保证这些新型替代技术走向市场应用所必不可少的环节和手段。

2. 推进资源循环利用

国际上普遍形成了在资源循环利用过程中实施生产者责任延伸制度（Extended Producer Responsibility，简称 EPR）的共识，即明确产品生产者承担产品废弃后的回收和资源化利用责任，引导企业构建产品绿色设计、绿色生产、绿色消费、绿色物流以及绿色回收和处理的全生命周期绿色供应链的责任，激励生产者推行产品源头控制，采用市场化的原则建立起废弃产品的循环利用体系，在产品全生命周期中最大限度提升资源利用效率。

中国已成为全球最大的制冷空调设备生产国和消费国，关注对众多废弃制冷空调设备的回收处理，在实现对紧缺源循环利用的同时，也可大幅减少碳排放和对环境的污染和破坏。中国政府近年来先后颁布了《中华人民共和国循环经济促进法》《废弃电器电子产品回收处理管理条例》《生产者责任延伸制度推行方案》《中国制造 2025》《绿色制造工程实施指南（2016—2020 年）》《消耗臭氧层物质管理条例》等法规和政策文件，规范和引导了资源的循环利用，促进了行业可持续发展。

多年来，国家大力推动废弃电子电器产品回收、拆解工作。我国废弃制冷空调产品处理技术和设备发展迅速。废旧产品拆解工艺、制冷剂及各类金属、非金属材料的回收流程和处理技术向高效、低耗化发展。随着处理企业的成长，处理产品品种和产能的扩大，废旧设备的循环利用率也在逐步提升，为国家循环经济的构建与发展作出贡献。

目前制冷空调产品中普遍采用的 HCFCs 和 HFCs 制冷剂，多具有强温室效应，排放后将破坏臭氧层或者带来温室效应，受到《蒙特利尔议定书》的管控，正在或即将逐步淘汰或削减。对制冷剂的回收再利用将减少新制冷剂的使用，同时也将显著减少对环境的破坏性影响，因此国家大力鼓励对各类制冷剂的回收、再生和循环再利用技术，包括鼓励回收制冷剂的净化和再生技术的研究和开发，提高回收制冷剂的再循环使用率，降低回收制冷剂的再生成本；针对回收后无法再应用的废旧制冷剂处理成本高昂的特点，鼓励资源化利用技术的开发，将回收的制冷剂转化为其他高附加值的产品，实现资源的高效利用和节能减排。

四、推动行业实现“双碳”目标的措施

（一）关注国家政策，推动行业转型升级

国家发布“双碳”目标以来，中央和各地政府纷纷组织制定相关的行动计划和落实措施。制冷空调行业要坚定不移地贯彻国家的产业发展政策方案，推动行业实施绿色低碳转型升级。

（二）碳足迹研究

制冷空调产品碳足迹涉及产品生命周期的所有阶段，包括原材料获取阶段、生产阶段、运输阶段、使用与维护阶段以及回收与处置阶段。制冷空调设备的碳足迹数据目前还严重缺乏，需要开展大量的研究。基于生命周期评价方法计算产品的生命周期碳排放，评价分析产品生命周期中或具体单元过程潜在的气候变化效应，识别产品的改善潜力，比较产品设计时的方案及决策工艺方案等，将有助于全行业行动起来，有效减少整体的碳排放水平。

（三）建立低碳标准体系

国内外实践表明，各类绿色节能低碳标准是实现“双碳”目标不可或缺的技术基础。中共中央、国务院印发的《国家标准化发展纲要》明确要求，要建立健全碳达峰碳中和标准。未来要进一步加快节能标准更新升级，抓紧修订一批能耗限额、产品设备能效强制性国家标准，提升重点产品能耗限额要求，扩大能耗限额标准覆盖范围，完善能源核算、检测认证、评估、审计等配套标准。加快完善地区、行业、企业、产品等碳排放核查核算标准。制定重点行业和产品温室气体排放标准，

完善低碳产品标准标识制度，全面实施碳达峰、碳中和的标准化提升工程。

（四）开展低碳技术研发，提升核心竞争力

碳达峰碳中和是我国中长期发展的核心目标，高质量发展和科技创新成为多重约束下求最优解的过程。从国内外的发展情况分析，持续加大研发投入、不断赢取核心竞争力提升是企业实现长期生存和可持续发展的唯一可行途径。面对未来，行业各界必须进一步加大投入，政府、行业机构和行业各界要积极探索建立公共的研发平台，调动高等院校、科研单位和生产企业及用户等各个方面的积极因素，集中优势力量，针对行业亟需的碳中和基础和共性技术和产业薄弱环节开展联合攻关，有效突破核心技术瓶颈，补足行业发展的短板，形成行业内具有自主知识产权的核心技术和持续创新能力，以此为行业发展注入新的原动力，推动行业早日达成碳中和的宏伟目标。

（五）转变经营方式，发展循环经济

适应新经济发展趋势，既加强对平台经济的监管，又要鼓励平台经济创新，培育有一流国际竞争力的平台企业。制冷空调行业当前正在推进将互联网作为全产业链各个环节互联互通的重要支撑平台，利用大数据、人工智能等时代化技术工具，推动产业技术进步、组织变革以及生产效率和产品质量的提升，并借此全面提升行业生产力和创新能力。大数据和人工智能的应用是行业未来发展的方向，在产品和工程设计、工艺过程设计、生产调度、故障诊断、运行维护和使用、资源回收利用等环节，通过大数据分析掌握和推演出更优的设计、制造或应用方案，在实现产品智能化、制造智能化、运行维护智能化的同时，

可以获得最大限度的产品生命周期低碳排放的协同效应。

五、结束语

实现碳达峰碳中和是国家的重大战略决策，制冷空调行业在国家节能减排事业中担负着不可或缺的责任和义务。“双碳”目标对行业而言是一场革命性的挑战，将带来全产业生态链的革新和重构。技术创新将是制冷空调行业实现“双碳”目标的重要途径。全行业应持续加大技术创新力度，以更加节能环保的技术和产品服务于经济和市场。最大限度地推进制冷空调产品的能效提升和系统环保节能应用，为国家层面的“双碳”目标完成作出应有的贡献，也由此推动全行业实现高质量发展和由大到强的根本转变。

（中国制冷空调工业协会张朝晖、刘璐璐、王若楠、高钰、陈敬良）

塑料助力“3060双碳目标”的实现

中国合成树脂协会

一、塑料是实现低碳社会的推动力

材料是人类赖以生存发展的物质基础，也是体现一个国家科技发展程度的重要标志。塑料自100多年前被发明以来，伴随着人类文明的不断进步而快速发展；增长速度居四大材料之首，已经成为人们日常生活乃至国民经济不可或缺的资源。这次中国向全世界作出碳达峰碳中和的郑重承诺。接下来,绿色低碳必然会被提升到前所未有的高度。所以，塑料行业从现在开始，要想方设法，一方面要限制塑料对环境造成的影响，另一方面要发挥塑料的优势，实现系统性变革和颠覆性创新，助力社会朝着绿色低碳的方向健康发展。

目前,全球材料消耗情况：水泥约40亿吨,钢15.8亿吨,铝5亿吨,塑料4亿吨。塑料生产只占全球石油消耗的4%，但塑料的应用范围却是钢的一倍，占到了钢与水泥总和的26%。

随着能源革命的发展在即，大部分炼油装置会转型升级为生产化工原料和材料。由于石化产品可以将能源碳转化为物质碳，对固碳有着重要的意义；塑料则成为高效利用资源的典范，循环利用后有助于实现碳达峰碳中和，成为未来材料领域的重要发展类别。

就生产方面而言，塑料的生产能耗分别是钢材和铝材生产能耗的1/4和1/8；PVC管材的生产能耗只有铸铁管生产能耗的30%。就使用方面而言，塑料大棚不但可以抑制土壤盐碱化使节水率达到40%，还可以提高农作物产量并降低成本。就应用方面而言，塑料应用在汽车的轻量化领域，能降低油耗、减少成本，还能提高性能，增加安全舒适性；应用在建筑保温领域，可以减少建筑物的50%热量损耗；在建筑照明领域，LED照明比白炽灯节能90%以上；应用在风电叶片领域，可以实现的二氧化碳减排，减少的碳排放是其制造过程中碳排放量的120倍。多年前麦肯锡咨询公司一份题为《温室气体减排的革新——以生命周期量化评估化学工业碳减排》的报告中得出“化工产品实现的碳减排量超出碳排放量两倍”的结论，并预言到2023年塑料在其中的贡献率高达40%以上。

2021年11月，第26届联合国气候变化大会在英国举行。面对全球气候变化，联合国秘书长古特雷斯指出：“一个严峻的选择摆在人类面前，要么我们阻止灾难，要么灾难阻止我们，必须阻止人类的碳自杀行为，阻止一味燃烧、钻探、挖掘的模式。”这是一个非常严肃的警告。今后为了限制气候变化对环境的影响，实现碳达峰碳中和的目标，国家必将在政策体系、产业规划中有所体现。我们未来所面临的，不仅是工业化向信息化、智能化的转变，也是化石能源逐步向化石资源的转变。在未来的世界，碳将不再作为燃料而是作为材料被各行各业更为广泛地应用。未来的材料领域中，塑料或许会成为主角。

二、“治污、减碳”应该走循环之路

数亿年的进化，大自然构建了自己的循环体系。如何构建塑料的闭环体系是亟待解决的问题。塑料在人们生活和国民经济中的重要性不必多言，但是塑料垃圾带来的污染也已成为全球共同关注的焦点。废旧塑料对环境造成的污染，致使公众产生了对塑料产品，特别是对一次性塑料用品的质疑，甚至有观点提出要全面禁止塑料产品。如此说来，在塑料经济中实现温室气体净零排放，就显得至关重要。废旧塑料问题不解决，塑料产业就很难再继续发展。所以，无论从低碳环保角度还是循环经济角度，废旧塑料的问题都必须得到妥善解决。

目前，全世界都在寻求妥善解决废旧塑料的办法。巴斯夫、陶氏、埃克森美孚、科思创等近30家跨国公司组成的“终结塑料垃圾全球联盟”致力于开发全新解决方案，实现闭路循环。艾伦·麦克阿瑟基金会与联合国环境规划署联合发起《新塑料经济全球承诺书2019春季报告》，强调重新设计整个产业链，防止塑料成为废弃物和污染物。另外，世界自然基金会（WWF）也提出了“全球1000个净塑城市签约计划”。中国合成树脂协会也加入了行动行列，积极参与了环境治理工作；同时还与工业和信息化部节能与综合利用司签署了三年行动方案，力争为实现塑料的循环利用作出贡献。过去，塑料回收是为了降低成本和回收资源，而现在则是要站在碳中和的高度去看待问题。

中国再生塑料行业的发展历程是以获取低成本原料为核心走向了低谷，逐步形成以环境低碳为核心的行业共识。

中央财经委员会第九次会议中指出，必须实施重点领域减污降碳行动，发展循环经济是提高资源利用效率的必由之路。要遵循“减量化、再利用、资源化”三大原则，使物质资源在不断循环中得到持久的利用。通过低开采、高利用、低排放等手段，高效利用能源与资源。现在，资源循环利用已经上升为国家战略，并且纳入了战略性新兴产业。所以“禁”不是解决问题的办法，建立生态文明社会，应该是治理与疏导并举；要从战略层面推行循环理念并下功夫开发生物质材料，实现可再生资源与能源的高效利用。因为塑料循环与生物质材料产品的使用，均能大幅度削减碳排放，将会成为应对温室气体排放的最佳手段。

马克思曾经说过，文明如果是自发地发展，而不是自觉地发展，则留给自己的是荒漠。因此，社会文明必须从工业文明的大量生产、大量消费、大量废弃，升级为生态文明的合理生产、节约消费、循环利用的方式上。

三、“双碳”目标下塑料行业的未来发展

如今，材料作为科技要素，其品质、内涵都已经发生了质的变化，塑料以其独有的优势被优先发展。“减油增化”将大大减少石油作为燃料的使用，从而提高能源利用率。

经过一项研究表明：塑料通过循环与回收，以及应用生物质材料，加上碳铺集、利用与封存（CCUS）实现的碳中和，其能源消耗和运营成本将会更为经济；如果全球的塑料，都能够实现循环利用，与线性碳途径相比，则可以减少 30 亿吨的二氧化碳排放，相当于全球塑料行业 64% 的温室气体排放；如果采用生物质材料，则有可能减少 45 亿吨二氧化碳排放当量。

2020 年我国碳排放主要分为两部分：①能源碳占比 88.4%，其中电力占 45%、工业占 37.6%、建筑占 10%、交通占 9.9%；②工业过程消耗碳占比 11.6%，其中水泥占 70%、冶金占 20%、化工占 10%。

2019 年，中国合成树脂产量 9574.4 万吨，增长 9.3%，表观消费量 1.23 亿吨，增长 10%，产值 1.09 万亿，同时产生 6600 万吨废旧塑料。如果能够全部回收利用，相当于减少 6000 万吨塑料新料的消耗，也就是相

当于少用1.38亿吨原油消耗和减少1.88亿吨二氧化碳排放（6000万吨废旧塑料焚烧的二氧化碳排放量）。

预计到2025年，全球整体塑料消费量将增加50%，亚洲将比其他所有地区消费更多的塑料。2010—2019年，中国聚乙烯消费年均增长8.6%，聚丙烯增长7.7%。预计2020—2025年，聚乙烯消费年均增长9%，聚丙烯增长6%。

未来几年，国家将重点发展化工新材料，全面布局碳纤维及复合材料、高端装备关键材料、高温合金、先进半导体材料、国防及军用新材料、新型显示及其关键材料、稀土新材料、材料基因工程创新平台等8个方向发展。材料科学将加快向微观层次推进，与信息技术、纳米技术、能源技术、生物技术等加速融合。

今后业内的优先发展趋势，将会是对生态环境污染小、资源利用率高、可降解和可循环利用的塑料品种。此外，要求塑料在制造、使用、废弃、直到再生利用的全生命周期中，始终与环境具有很好的协调性和共存性，并在城市找到解决污染源头的问题，为减少使用和再利用提供可行的替代方案。

减碳与治理环境污染应该是相辅相成的。塑料占石油消耗的6%，碳排放则只占比1.16%。废塑料的污染，“罪”不在塑料，根源在于处理不当。如今全国每年产生的固体废物在100亿吨左右。其中，产生畜禽养殖废弃物40亿吨，一般工业固体废弃物33亿吨，建筑垃圾约18亿吨，农作物秸秆约10亿吨，大中城市生活垃圾约2亿吨，而废旧塑料只占固体废弃物总量的0.6%左右。因此，只要在实现碳达峰碳中和目标的进程中，及时做出调整，将绿色低碳发展纳入企业的战略体系、生产体系、创新体系和价值体系中，就一定能够克服困难，实现绿色低碳的健康发展。

就低碳环保的角度而言，未来无论是原料生产，还是设备制造，乃至加工过程，都需要将材料性能、产品设计、制品加工等全部融合到绿色可持续发展的理念中。这一转变需要以先进的科学技术与创新理念为支撑，或许要从微观层面开始着手，在所有层面灌输绿色思维和系统设计理念。将来面临的市场，不是能拿出什么样的塑料，而是生态环境需要市场拿出什么样的塑料。因此，性能的定义和概念就要从技术性扩展到可持续性，这是一个根本性变革。未来将会思考如下议题：①如何充分发挥塑料的性能优势为人类服务；②如何限制或消除塑料对人类社会可持续发展的有害影响。

当前，全球形势风云变幻莫测。如何应对这个百年难遇的大变革，仍面临着诸多不确定因素的影响：

（1）国际经济关系的不确定性，前所未有。

（2）国际能源和化工市场的不确定性，前所未有。

（3）我国制造业高质量发展的艰巨性，前所未有。

未来五年，是我国工业固本培元、建立具有国际竞争比较优势的关键期，同样也是中国塑料工业转向自主创新、积累新技术优势的关键期，更是探索区域性协调发展与绿色发展新模式的关键期。中国合成树脂协会将努力完成产业链上下游之间的相互融合，积极参与国际分工合作，能否取得突破，将是关乎每个行业企业生死存亡的大事。

当今天下，已处在新一轮社会革命、科技革命和产业变革的前夜。这是一个充满着梦想与机遇的时代，科技知识体系积累的内在矛盾已经凸显，迫切需要有新的重大突破；颠覆性技术会大量涌现，传统的工业和管理体系或将淡出人们的视线；制造业将进入向智能化转型的全新模式，一些重要的科学问题和关键技术发生革命性突破的先兆也在不断显现。这是在智能制造业的背景下，提高生产率和竞争力的一种方式。或许，这正是标志着“第四次工业技术革命”的开始。新形势下，企业要想求得生存发展，就要学会转变思路，丢弃传统理念，提高效率、增强快速反应能力，在管理、技术、服务和市场等多个层面，做出全面提升。

（中国合成树脂协会理事长郑垲）

中国铸造行业能耗现状与节能降碳

中国铸造协会

中共中央、国务院印发《关于完整准确全面贯彻新发展理念做好碳达峰碳中和工作的意见》指出国家统筹推进碳达峰碳中和目标实现。工作推进中要坚持系统观念：处理好发展和减排、整体和局部、短期和中长期的关系。要准确把握“全国统筹、节约优先、双轮驱动、内外畅通、防范风险”的原则。

文件的核心是“一个引领、一个关键”：以经济社会发展全面绿色转型为引领，以能源绿色低碳发展为关键。文件确定了“双碳”工作量化指标项目：①单位国内生产总值能耗和二氧化碳排放；②非化石能源消费比重；③森林覆盖率。

《国务院关于印发2030年前碳达峰行动方案的通知》（国发〔2021〕23号）中提出，到2025年，非化石能源消费比重达到20%左右，单位国内生产总值能源消耗比2020年下降13.5%，单位国内生产总值二氧化碳排放比2020年下降18%，为实现碳达峰奠定坚实基础。到2030年，非化石能源消费比重达到25%左右，单位国内生产总值二氧化碳排放比2005年下降65%以上，顺利实现2030年前碳达峰目标。

一、我国铸造行业现状

（一）企业规模和铸件产量

我国铸件产量长期居于世界首位，2020年，我国铸件总产量达到 5195 万吨，占世界参与铸件统计国家总产量的 50%左右，如图所示。

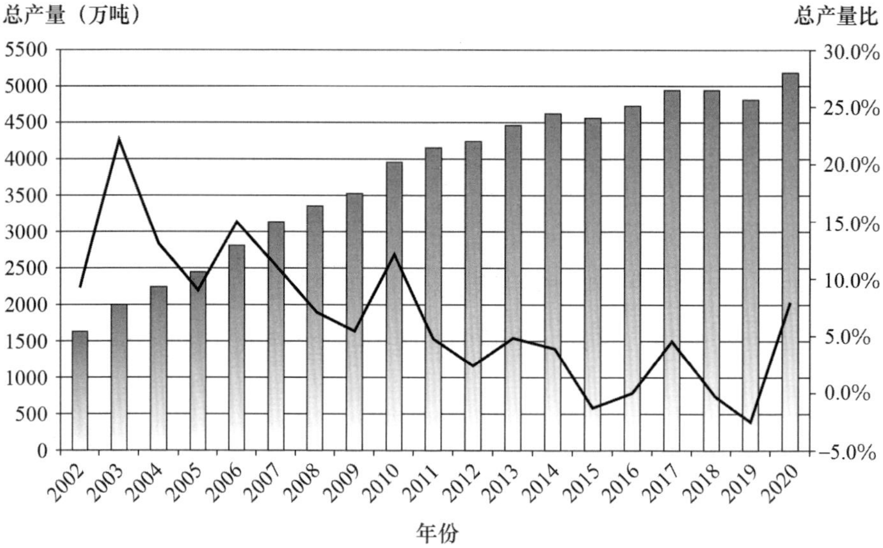

图　2002—2020 年中国铸件产量及增长率变化情况

注：图中折线代表总产量比，柱状条代表总产量。

我国现有铸造企业约 2.2 万家，企业数量呈逐年下降趋势，规模铸造企业产量集中度不断提高，其中排位靠前的 4500 家企业铸件产量占总产量的 70% 以上，铸造企业平均年产量从 2010 年的 1320t 增长至 2020 年的 2361t，但仍低于工业发达国家，见下表。

表　2020 年世界主要铸件生产国企业平均年产量

国家	中国	美国	俄罗斯	印度	德国	日本	巴西	意大利	法国	韩国
铸件企业平均年产量（t）	2361	5293	3500	2133	8817	2656	2042	1862	4098	2872

（二）铸造行业的主要能源消耗

据统计，2020 年我国机械工业能耗折合标煤约 4479 万吨，其中铸造行业能耗折合标准煤约 930 万吨，约占机械工业总能耗的 20.76%[①]。

铸造行业的能耗主要包括电、天然气、焦炭。铸造企业生产过程消耗能源的主要工艺过程及设备有：①金属的熔化（炼）工序的熔化炉；②砂处理工序的旧砂回用或废砂再生设备；③造型工序的造型机或型壳焙烧设备；④制芯工序的制芯设备；⑤清理工序的抛丸机及打磨设备；⑥热处理炉；⑦环保设备等。

铸造生产中熔炼的能耗占 50%左右，热处理工序能耗约占 18%。我国近年来环保形势严峻，重点地区环保设备投入明显增加，部分企业环保设备能耗超占比超过 5%。

（三）与发达国家铸造行业重点工序能耗的对比

我国 60%以上的铸件是由感应电炉熔化浇注而成，德国等发达国家 50% 以上的铸件为冲天炉熔化而成，主要为热风水冷长炉龄冲天炉熔化，其炉型较先进，热效率较高且为一次能源，在绿电率低于 25% 时，冲天炉单位能耗低于中频感应电炉。

目前来看，我国铸造行业平均能源利用率很大程度上取决于感应电炉的热效率，而我国的铸造企业在提升感应电炉能效、电炉热回收、节能变频电机等节能方面的研究不足，行业节能潜力有待挖掘。

---

① 数据来源：《2020 年及“十三五”时期机械工业运行情况综述》。

二、铸造行业节能降碳工作的建议

铸造行业企业应完整、准确理解中央精神，严格贯彻工作部署，科学、稳妥、有序推进。重点围绕目标在 2 个方向推进实施：①为国家能源绿色低碳发展提供技术和装备支撑，助力国家能源结构转型目标实现。②加快本领域绿色生产方式转变，为国家“双碳”目标“单位国内生产总值能耗和二氧化碳排放”下降目标实现。

（一）为国家能源绿色低碳发展提供技术和装备支撑

1. 以能源绿色低碳发展为关键

“双碳”目标的实现，重点要提高非化石能源消费比重，实现国家能源结构转型。铸造行业要支撑机械工业适应国家能源结构加速调整的需要，特别是为清洁能源发电和储能（如风电、光伏发电、氢能等清洁可再生能源）提供技术和装备支撑。如未来风电装机都是大功率风电机组，2021 年 12 月开标的“明阳阳江青洲四海上风电项目”，项目规划装机容量为 505.2MW，拟布置 61 台风力发电机组，其中单机容量为 16.6MW 风电机组 2 台。这也是 16MW 海上风机首次出现在中国正式风电招标文件上，“15MW+”的海上大兆瓦时代初露端倪。大功率风电机组需要围绕主机在产业链的各环节强化协同制造，如大功率风电轮毂等铸件，都是几十吨甚至上百吨超大型球墨铸铁件，并对抗冲击韧性等有特殊要求，目前国内铸造行业已经能够制造 12MW 及更大级别关键铸件，但 5MW 以上的风电主轴轴承国内还无法制造；机械工业相关领域应为国家清洁能源发电和储能提供技术和装备支撑，加快核心短板补齐。

2. **以轻量化发展为着力点**

轻量化是指铸件在保持原有的物理及化学性能不降低，且汽车本身造价不被提高的前提下，有目标地减轻主机重量的手段。特别是对于汽车行业，轻量化是其节能减排的重要措施。

据统计，乘用车（燃油）铸件重量约占整车质量的20%，商用车（燃油）铸件质量占比超过25%。有试验表明，汽车质量每减轻10%，油耗下降6%～8%，排放量下降4%。同时汽车轻量化直接提高汽车的比功率，使汽车的动力性能提高。因此，汽车轻量化技术是有效降低油耗、减少排放和提升安全性的重要技术措施之一。汽车轻量化对于降低油耗、减少排放起着至关重要的作用，目前已经成为国内外汽车工业界的研究热点。汽车轻量化主要采取材料轻量化与结构轻量化相结合的方式，汽车铸件轻量化是材料轻量化研究的核心内容之一。

（二）加快突进铸造行业低碳绿色化转型：重点降低单位产品能耗和二氧化碳排放

为贯彻国家“双碳”发展目标，中国铸造协会专门成立“双碳”工作小组，统筹研究和推进铸造行业低碳绿色化转型，重点围绕以下几个方面工作开展。

1. **开展铸造行业碳排放、节能政策及标准研究**

（1）制定铸造企业碳排放核算技术规范等。

（2）制定铸造设备或工序的能耗限额标准等。

（3）推进现有不适宜标准的修订，如GB/T 11995—2014《铸造企业清洁生产综合评价方法》能耗数据已无法满足现阶段铸造企业需求。

（4）铸造企业碳排放减排路径研究等。

（5）建设项目碳排放环境影响评价。

（6）产品碳足迹研究。

（7）开展铸造行业能耗总量分析研究。

2. 重点推进企业节能降碳改造

（1）开展节能诊断及企业节能提升改造，推进企业系统节能降碳。

（2）重点企业采用节能技术和装备应：推进企业采用高效节能熔炼设备、热处理设备和节能压铸机等设备；重点推进铸造生产余热回收及利用。

（3）推进节能生产方式：鼓励符合产业政策的铸造用生铁企业，采用“短流程”工艺生产铸铁件或开展铁液集中配送，鼓励具备条件的企业开展铝液集中配送生产铝合金铸件，减少金属的二次熔化并降低综合能耗。

3. 推进源头降碳减排技术研发及应用

推进行业源头降碳减排技术研发及应用：大力开发和应用环保树脂、无机黏结剂、水基涂料、高效发热冒口、环保型精炼剂、低碳或无碳黏土湿型砂、熔融或烧结陶瓷砂等先进铸造原辅材料，减少污染物的产生量。

4. 推进行业资源循环利用

（1）提升铸造废砂再生循环利用比例：在全国新建一批铸造废砂再生处理基地，鼓励大型铸造企业购置废砂再生处理设备并协同周边企业废砂处理，推进铸造企业集聚区建立第三方废砂再生处理中心，提高全行业废砂再生处理比例，实现铸造废砂年再生量 800 万吨以上。

（2）推进废旧金属循环再生与利用：积极推广“合成铸铁”生产技术和再生铝应用技术，进一步扩大铸造行业对废钢、废铝等废旧金属的使用量和应用范围，让铸造产业成为废旧金属循环再生与利用的重要应用领域。

5. 大力培育绿色铸造工厂

推进企业将绿色铸造理念贯彻于生产全过程，走低碳化、循环化和集约化绿色发展道路，按照《铸造行业绿色工厂评价要求》，推进清洁生产，培育200家以上绿色铸造工厂建设，树立绿色企业发展典型。

6. 提升企业能源管理水平

通过加强管理来实现节能，合理制订生产计划，建立完善能源管理制度，强化对用能人员、用能设备管理，开展先进企业能效对标，开展能源诊断及服务；推进重点用能单位能耗在线监测系统等。

7. 发展绿色低碳铸造园区

推进铸造产业集群（园区）绿色低碳转型，推进园区扩大绿电消纳，推广园区能源梯级利用等节能低碳技术。

（中国铸造协会乔世杰、王东生、马宏儒）

“双碳”目标下钢结构行业碳减排措施及发展路径分析

中国钢结构协会

一、建筑业碳排放现状分析

我国是世界上最大的发展中国家，温室气体排放总量高居世界第一位。温室气体范畴包括二氧化碳（CO_2）、甲烷（CH_4）、氧化亚氮（N_2O）、氢氟碳化物（HFCs）、全氟化碳（PFCs）、六氟化硫（SF_6）和三氟化氮（NF_3）。我国非常重视温室气体排放问题。2020 年 9 月 22 日，国家主席习近平在第 75 届联合国大会一般性辩论上讲话提出，中国二氧化碳排放力争于 2030 年前达到峰值，努力争取 2060 年前实现碳中和。中共中央和国务院于 2021 年 10 月 24 日发布《关于完整准确全面贯彻新发展理念做好碳达峰碳中和工作的意见》，明确了碳达峰碳中和的 1+N 政策体系脉络，提出制定能源、钢铁、有色金属、石化化工、建材、交通、建筑等行业和领域碳达峰实施方案，为我国“双碳”工作做了顶层设计。国务院于 2021 年 10 月 26 日发布了《2030 年前碳达峰行动方案》，提出把碳达峰碳中和纳入经济社会发展全局，有力有序有效做好碳达峰工作，确保如期实现 2030 年前碳达峰目标。

“双碳”目标的提出表明了我国政府在缓解世界气候变化上的积极立场和大国责任，同时也给我国的节能减排工作带来巨大挑战。目前我国的碳排放量每年在 100 亿吨左右，在短短 40 年的时间内要达到碳中和目标需要全社会共同做出巨大努力，积极进行能源结构的调整和转型升级。建筑业作为我国经济的支柱产业，相关能耗和碳排放总量巨大。根据联合国环境规划署《2021 年全球建筑建造业现状报告》，2020 年全球建筑领域能源消耗占总消耗的 36%，建筑领域二氧化碳排放占全球总排放的 37%。根据中国建筑节能协会发布的《中国建筑能耗研究报告（2020）》，2018 年我国建筑全过程碳排放总量为 49.3 亿吨，占全国碳排放总量的 51.3%。其中建材生产阶段（包括钢材、水泥等主要材料）碳排放为 27.2 亿吨，建筑运行阶段碳排放为 21.1 亿吨。

建筑业是温室气体的主要来源之一，是节能减排的关键领域之一。建筑产品的设计使用寿命比其他工业产品更长，对周围环境的影响更大，因此建筑领域的节能减排工作对发展绿色低碳经济、控制全球气候变暖具有更加深远的意义。

建筑常用结构形式主要包括钢筋混凝土结构、钢结构、木结构等。木结构在我国使用较少，混凝土结构和钢结构应用相对广泛。钢结构是指由钢板、型钢等各类钢材作为主要结构形式，采用焊接、紧固件等连接而成的结构形式。与钢筋混凝土结构相比，钢结构具有轻质高强、抗震性能好、施工周期短、绿色环保、便于工业化生产、可循环利用等优点，属于典型的绿色环保节能型结构，符合循环经济和低碳绿色发展的要求，近年来得到土木工程领域的持续关注，并得到了迅速的发展。“十三五”期间，北京大兴国际机场航站楼项目、500 米口径球面射电望远镜（FAST）项目、国家速滑馆（冰丝带）项目、中国尊项目等一系列标志性建筑的顺利完成，彰显了钢结构的优势。在“双碳”目标下，大力推广钢结构是减少建筑业碳排放的重要路径和措施，是促进建筑业转型升级和高质量发展的重要抓手。

二、钢结构发展现状及碳减排优势

（一）钢结构发展现状

钢结构行业发展离不开钢铁工业的大力支撑，中华人民共和国成立以来我国建筑业使用钢材经历了节约使用—限制使用—合理使用—大力推广四个阶段。我国自 1996 年钢铁产量突破 1 亿吨以后，连续二十余年高居世界第一位。根据国家统计局统计，2020 年我国粗钢产量达到了 10.65 亿吨，占到世界粗钢总产量的 50% 以上。2021 年前三季度，我国粗钢产量达到了 8.06 亿吨，同比增长 2%。钢铁行业是碳排放大户，在“双碳”目标要求下，未来的钢铁行业必须要积极推进钢铁绿色低碳高质量发展。

钢结构行业作为钢铁产业的重要消耗行业，近十年来一直以 10% 以上的增速增加。2020 年我国的钢结构产量达到 8900 万吨，比世界绝大多数国家的粗钢产量还要多，由此可见钢结构市场规模庞大。钢结构广泛应用于工业建筑、超高层建筑、公共建筑、海洋平台、跨海桥梁、塔桅结构等领域，市场规模和技术能力均居世界前列，是名副其实的钢结构大国。2020 年度我国钢结构加工量占粗钢产量的 8.36%，这与欧美发达国家的平均水平（20%～30%）相比还有较大差距，说明我国的钢结构市场仍然潜力巨大，钢结构发展空间巨大。尤其是近年来国家高度重视碳排放问题和高质量发展，推动建筑行业积极转型升级。“双碳”目标的提出，更是让以绿色可持续发展著称的钢结构有了更大的推广应用空间。

（二）钢结构建筑碳减排优势

钢结构建筑是一种低能耗、低排放的绿色建筑形式，符合绿色发展和可持续发展理念。目前的研究成果表明：与混凝土结构相比，钢结构建筑可减少碳排放 15%～45%（不同气候、不同结构形式、不同功能用途的建筑存在差异），同时可有效降低二氧化硫等有害气体排放，大幅度减少固废及粉尘排放。如果将钢构件直接重复利用，碳减排效果更为可观。

因此，推广钢结构可减少开山挖石、河砂开采，有效降低对生态环境的影响与破坏。推广钢结构建筑符合“藏钢于民、藏钢于建筑”的战略，钢结构循环利用性强，是国家重要的钢铁战略储备资源。作为废钢储备，是唯一可替代铁矿石的含铁原料，是钢铁工业可持续展开的重要资源。因此积极推广钢结构是保障建筑业整体实现碳减排目标的必要手段和措施，非常有助于实现我国 2030 年前碳达峰、2060 年碳中和的目标，必须要早筹划、早安排、早落实。

三、钢结构行业减碳措施和发展路径

“双碳”目标任重道远，钢结构行业应从以下几方面促进碳减排工作，积极为我国的“双碳”工作贡献力量。

（一）积极推动钢结构智能制造

目前大多数钢结构制造加工厂在生产加工环节仍无法做到全流程的数字化和智能化。钢结构行业应着力完成钢结构生产过程全流程数字化、关键工序智能化的工作，积极推动钢结构行业智能建造，实现钢结构行业高质量发展。大力推行钢结构行业智能制造，淘汰小作坊式落后加工制造工艺，可大幅降低制造加工成本和原材料损耗，同时有效降低碳排放。

（二）大力推动高性能与高效能钢材的应用

未来建筑钢材碳减排的主要途径是从钢材使用上引导绿色低碳消费，增加高强高韧、耐蚀耐磨、耐疲劳、长寿命等高性能钢材以及热轧H型钢、方钢管等高效能钢材的使用量，实现结构轻量化设计、轻量化材料、轻量化制造、长寿命服役等的集成应用；优化钢材回收利用系统，大幅降低钢结构服役过程中的碳排放。即从钢结构用钢源头进行调整，多使用高强钢、耐候钢、耐火钢、抗震钢等高性能钢材和热轧H型钢、方钢管等高效能钢材，可以通过用材节省，在源头上减少碳排放，意义重大。

大力推进高性能与高效能钢材的应用，可推动我国建筑用钢从螺纹钢为主向结构钢材为主的转变，优化建筑用钢消费结构，促进钢材消费迈向中高端，提高我国钢材的研发和生产能力，提升我国钢铁产品科技含量和附加值，同时有利于加快实现建筑业工业化、标准化、数字化，促进建筑业转型升级和高质量发展，降低能耗和碳排放。

（三）积极做好钢结构建筑标准化工作

钢结构建筑标准化是推动钢结构可持续发展的必要前提，是实现钢结构建筑商品化和规模化供应、降低建造成本的必要条件，也是真正体现钢结构节能减排的重要前提之一。标准化是我国和国外钢结构产业存在差距的主要因素之一，可以根据不同地域、气候和用途的差别，将钢结构的部品部件和结构体系进行标准化。应由相关部门或行业协会协调钢铁厂、设计、制造加工等相关企业进行协同工作，大力提升钢结构建造全过程标准化水平，减少碳排放。

（四）提高钢结构回收再利用效率

拆除回收阶段，钢结构建筑的再利用性能主要包括直接再利用与循环再利用两方面。钢结构建筑的直接再利用是指在不用回炉冶炼的情况下，直接将钢构件进行二次使用，用于建造新的建筑。在钢结构建筑中，梁、柱、支撑等钢构件有着良好的二次利用性能，在设计时应充分考虑其直接再利用性能。因节省了钢构件的生产过程，对减少碳排放有很大的促进作用。目前售楼处、工业厂房等均具备二次利用的条件。

钢结构建筑的循环再利用是指在建筑拆除后，将回收的钢构件作为废钢回炉，重新加工成钢材的一种再利用模式。废钢是唯一可替代铁矿石的含铁原料，是短流程炼钢的重要资源，是钢铁工业可持续发展的重要资源。用废钢炼 1t 钢，可替代 1.6t 铁精矿。用废钢炼钢比用铁矿石炼钢节约近 60% 能源，减少二氧化碳排放 67%，并大幅降低废气、废水、废渣的排放。推广钢结构建筑形成的钢铁储备对钢铁产业可持续发展有重要作用。

四、“双碳”目标下钢结构行业发展政策建议

近年来中央、地方政府均出台了一系列的政策文件推动钢结构的推广应用。“双碳”目标的提出更是给钢结构建筑的推广应用带来了极大的发展机遇，钢结构作为绿色可持续发展的典型结构形式，必然会得到进一步发展。钢结构行业发展政策建议如下。

（一）明确重点领域推广钢结构建筑

新建大型公共建筑（单体建筑面积 1 万平方米以上）全面推广应

用钢结构；重点抗震设防建筑（学校、幼儿园、医院、重要建筑等）全面推广应用钢结构，抗震设防烈度Ⅷ度以上的新建高层建筑应采用钢结构；积极推广钢结构住宅和钢结构农房的应用；积极推进钢结构在老旧小区改造、城市更新工程等的应用；大力推广钢结构和钢－混组合结构在市政交通基础设施（市政桥梁、轨道交通、交通枢纽、公交站台、公共停车楼、机场航站楼等）和中小跨径桥梁等领域的应用。

（二）加大政策扶持和保障力度

综合运用规划、土地、财税、金融、产业等政策，进一步激发市场主体内生动力，营造共同推进钢结构建筑的良好氛围。①建立多部门协同推进机制，加强政策协调和工作衔接，做好顶层制度设计。②加强技术研发，通过中央财政科技计划资金等加强关键技术产品研发，建设一批科技创新基地。③加强金融税收支持，将钢结构建筑纳入绿色金融支持范围，鼓励金融机构创新钢结构建筑金融产品和服务。④加快人才队伍建设，支持高校在本科教育中设立钢结构建筑专业方向，鼓励职业院校开设钢结构建筑专业，健全工人岗位技能培训制度。

（三）加强钢结构全产业链协同

建议由相关部门或行业协会协调钢铁厂、设计、制造加工等相关企业进行协同工作，大力提升钢结构建造全过程标准化水平，尽快构建涵盖设计、生产、施工、装修、质量检验、竣工验收、运营维护等全生命期的钢结构建筑标准体系。钢结构全产业链上下游企业协同合作，共同促进钢结构的推广应用。

（中国钢结构协会秘书长李庆伟）

“双碳”目标下物资再生行业的发展机遇

中国物资再生协会

碳达峰碳中和是我国新时代高质量发展的重要目标，对我国实现能源转型，推动经济高质量发展意义重大。这不仅仅是能源结构优化，而是全社会绿色低碳转型，是环境标准和减排压力约束下经济结构优化和产业转型升级，将给物资再生行业带来重大发展机遇。

一、国家政策推动，物资再生行业大有可为

建设生态文明，推动绿色低碳发展已成为国家战略。2020 年以来国家相继出台了一系列政策以推动建立现代化回收体系，促进资源的回收再利用。2020 年 10 月，党的十九届五中全会通过的《中共中央关于制定国民经济和社会发展第十四个五年规划和二〇三五年远景目标的建议》中提出，全面提高资源利用效率，推进资源总量管理、科学配置、全面节约、循环利用，加快构建废旧物资循环利用体系；落实生态保护，支持绿色技术创新，降低碳排放强度，加快推动绿色低碳发展。

2021 年以来，中共中央、国务院相继印发了《国务院关于加快建立健全绿色低碳循环发展经济体系的指导意见》和《2030 年前碳达峰行动方案》。其重点任务是“将碳达峰贯穿于经济社会发展全过程和各方面，重点实施能源绿色低碳转型行动、节能降碳增效行动、工业领域碳达峰行动、城乡建设碳达峰行动、交通运输绿色低碳行动、循环经济助力降碳行动、绿色低碳科技创新行动、碳汇能力巩固提升行动、

绿色低碳全民行动、各地区梯次有序碳达峰行动”。加强再生资源回收利用，加快构建废旧物资循环利用体系，从生产体系、流通体系、消费体系、基础设施、绿色技术创新体系、法律法规政策体系六个方面着手，全面建立健全绿色低碳循环发展经济体系，促进经济社会发展全面绿色转型，确保实现“二氧化碳排放力争于2030年前达到峰值，努力争取2060年前实现碳中和”的目标。

据商务部流通业发展司和中国物资再生协会联合发布的《中国再生资源行业发展报告》，自2011年到2020年的十年间，我国再生资源主要品类的回收量从1.64亿吨增加到了3.72亿吨，产值从5764亿元上升到10136.7亿元，年均增速约7.58%。2020年虽受新冠肺炎疫情影响，全国771家有资质的报废机动车回收拆解企业仍收报废机动车250.4万辆，同比增长14.34%；全国109家有资质的废电器电子产品处理企业拆解废电器8498万台，同比增长0.16%，连续三年拆解量超8000万台；全国废塑料回收量虽受到疫情等因素影响，仍然达1600万吨。

二、再生资源行业对实现碳达峰碳中和目标有重要作用

再生资源循环利用是典型的绿色产业，大力发展物资再生行业，不仅能解决资源的短缺问题，还能促进解决生态环境问题，为碳达峰碳中和的实现提供重要支持。

资源再生利用对碳减排具有重要作用。以废钢铁为例，钢铁制造过程有两个主要流程。一个是长流程，长流程是以铁矿石作为主要原料；另一个是短流程，短流程是以废钢作为主要原料，生铁作为辅料。在实践过程中，大量使用废钢短流程炼钢的减碳效应非常明显。长流程中高炉炼生铁是“高炉转炉”碳排量最高的部分，产生的二氧化碳

占的比重达到了 2/3；而短流程，用废钢来替代生铁，替代铁矿石，本身就减少温室气体排放，其工艺流程较短，减少了高炉工艺中的焦炭损耗，显著减少了碳排放量。2020 年全国回收报废机动车 250.4 万辆，拆解产生的废钢铁约 600 万吨，与用铁矿石炼钢相比具可减少碳排放 960 万吨左右。

废旧电器电子产品的回收利用对碳减排贡献也较大。2020 年全国正规企业拆解处理 8498 万台废电器得到拆解处理产物为 231.32 万吨，共回收铝 1.39 万吨、钢 46.7 万吨、铜 2.31 万吨、塑料 46.7 万吨，根据行业碳减排核算的方法学进行初步估算，其直接减排二氧化碳约 160 万吨。

三、再生资源行业要抓住机遇，解决问题迎接挑战

再生资源行业虽然面临前所未有的发展机遇，但也存在各种问题和挑战。主要表现在如下方面。

（1）再生资源的回收现在仍以社会零散回收为主，从业者主要是个人或小型企业，回收经营分散，集约化程度低，交易方式落后能力不足。尚有大量资源无法得到有效回收或分类再利用，还难以达到支撑再生资源产业规模发展的资源数量和质量。

（2）再生资源生产经营用地严重不足，有的地区未将再生资源用地列入国土空间利用布局或者城乡发展规划中，导致回收企业用地指标受限制，土地供应、准入权利、建设许可、运营收益等难以得到有效保障。因缺乏长期稳定的土地使用权，难以科学规划，致使部分回收站（点）设置、管理不规范，装备技术落后，产业化程度低。

（3）再生资源回收利用企业信息化水平较差，使用企业资源计划

（ERP）系统的企业很少，从产废源头到回收、处理的产业链条难以追溯，部分再生资源流向地下作坊进行加工处理，污染严重，增加了社会和环境风险。

（4）行业税负过重，是困扰行业发展的瓶颈问题。国家对再生资源行业的税收优惠倾向于规范化加工利用环节，回收环节缺乏进项税票，企业需承担高额的增值税和所得税，相对其他行业的税负严重偏高，现有的税收优惠因种种原因得不到有效执行。这一问题长期困扰着行业发展，在很大程度上造成了“企业越正规、成本越高，经营压力越大”的局面。

再生资源行业所面临的这些问题亟待解决，政府部门要给予大力支持，行业协会及企业要积极探索实践。

一是有关政府部门应进一步明确并强化物资再生资源回收体系的公共基础服务功能，将回收体系建设纳入到城市发展规划中进行科学规划。逐步建立行业准入及管理规范，鼓励线上线下结合的回收模式与公共服务平台，加强统计与信息化建设。国家要设立专项资金，开展再生资源回收利用企业的税收优惠政策试点，保障回收处理体系正常运转，为行业规范发展创造更加有利的环境。

二是物资再生行业和企业要积极参与碳减排碳中和的具体实践。努力提高技术水平和科技含量，进一步提升回收率和资源利用效率，为社会生产提供更多的再生原材料；加快升级改造步伐，积极使用清洁能源和节能减碳技术，减少自身的碳排放量，为我国的绿色低碳循环发展作出贡献。

（中国物资再生协会许军祥、于可利、邱金凤）

建材机械行业减碳降碳路径探讨

中国建材机械工业协会

实现2030年前碳达峰、2060年前碳中和的目标，既是中国做出的郑重承诺，更是目前各行业紧锣密鼓推进绿色低碳转型工作的重点。实现“双碳”目标，将成为各级政府、行业和企业发展的硬性约束，深刻影响地方决策、产业结构、能源结构、投资结构以及生产生活方式。建材行业作为典型的资源能源承载型行业，能源消耗总量和二氧化碳排放总量都位居工业部门前列，在当前国家“双碳”战略大背景下，我国建材行业提出了“在2025年前全面实现碳达峰，水泥等行业要在2023年前率先实现碳达峰”的目标。建材机械行业作为我国建材工业的基础，是建材全产业链的重要支撑，在努力实现自身“双碳”目标的同时，必须为建材行业实现碳达峰碳中和作出积极的贡献。

一、建材机械行业发展现状

目前，我国是世界范围建材机械的第一制造大国，专业生产建材机械企业超过上千家，2021年累计实现主营业务收入700亿元以上[①]，形成了包括科研设计、加工制造和安装调试在内的具有完整产业链的制造体系，门类涵盖水泥装备、玻璃装备、建筑及卫生陶瓷装备、混

① 数据来源：452家规模以上企业的统计数据。

凝土及水泥制品装备、屋面路面墙体材料装备、轻质装饰装修材料装备、玻璃纤维装备、复合材料装备、非金属矿加工装备、石材装备、砂石装备、石灰装备和新型建材装备等。

随着我国建材机械行业自主创新能力不断提高，研发制造体系逐步建立，创新成果显著，核心技术和基础零部件取得较大的突破；建材成套装备规模不断扩大，且可靠性不断提升；产品种类更加丰富，产品结构日趋完善；更加注重自动化、数字化、智能化水平的提高，以及绿色环保、节能降耗水平的持续改善。同时，我国建材装备“走出去”成果丰硕，建材成套装备已出口包括欧美发达国家等一百多个国家和地区，在数量和质量上均有较大水平的提升。

在国家“双碳”战略等发展目标的引领下，建材机械行业加强科技创新，将绿色理念融入建材机械设计、加工制造和应用过程，实施绿色加工工艺及装备，推进主要生产环节资源消耗和污染物排放；同时加大节能减排、减污降碳技术装备的研发及推广应用等，打造绿色低碳产品，为建材工业“双碳”目标的实现贡献力量。

二、建材机械行业“双碳”工作现状

绿色低碳是新时代行业高质量发展的底色，实现“双碳”目标需要各行各业从我做起。建材装备作为建材工业技术进步的载体和象征，对我国建材工业实现“双碳”目标举足轻重，一方面需要推进建材机械行业自身节能减碳，另一方面承担为建材工业实现“双碳”目标提供先进技术装备的重任。因此，建材机械工业的“双碳”工作既是行业内结构调整、转变发展方式的内在需要，也是提供节能、节水、节材、降碳、减排以及智能化高附加值绿色低碳产品，为建材工业实现“双碳”

目标保驾护航的外在动力，对促进建材工业转型升级，实现可持续发展，确保完成“双碳”约束性目标具有重要意义。

（一）行业自身减碳降碳工作

建材机械行业作为机械加工产业，其能源结构主要以电力为主，还有少量燃气、润滑油等，能源消耗量较少。行业碳排放主要包括，从钢材等原材料入厂经生产加工到设备出厂全过程的碳排放量：一是各种加工设备运行中消耗的电能折合的二氧化碳排放；二是生产用燃气、润滑油等化石燃料燃烧产生的二氧化碳排放。总体来讲，建材机械行业碳排放很低。

建材机械生产工艺主要有铸造和锻造（少量）、原材料预处理、下料、焊接、热处理、机加工、涂装、装配和包装等工序，其中铸造、锻造、热处理是生产过程耗能和污染物排放最多的环节。近年来，在国家政策法规和行业科技进步的支持下，大力发展循环发展、绿色低碳制造新模式。行业铸造技术通过向高效节能、清洁化方向发展，铸造设备、铸造材料和铸造工艺均有一定程度的创新，有效地提高了铸件成品率和铸件产品的质量，使用加热能源中清洁能源比例进一步提高，显著降低了物耗、能耗及废弃物产生量；通过采用精冲压机和冷锻设备、近净成形锻造工艺技术，有效降低锻件加工能耗；通过采用真空热处理炉，进一步降低了热处理工序能耗；通过采用高效、节能、环保和可循环的新工艺和新技术，如近净成形工艺、无害化热处理及表面强化工艺、环保节能型焊接工艺、切削加工优化技术、干式切削技术等，提高制造过程中资源和能源利用率、原材料转化率，减少废弃物和污染物的产生。目前建材机械行业正积极推动《建材机械行业绿色工厂评价要求》等行业标准制定，加快绿色工厂培育和建设，进一步促进了建材机械行业清洁生产和低碳循环发展，为自身节能减排、实现“双碳”目标作出相应的贡献。

因此，建材机械行业除了使用新能源和节能的工艺系统，还应保持对如何让设备和各个生产环节更低碳的持续性创新。将绿色低碳理念融入建材装备设计、制造过程中，同时优化工艺制造过程，提高一次性成品率，降低原材料与能源的消耗，间接或直接达到减碳降碳的目的。

（二）助力建材工业减碳降碳

1. 加强绿色低碳建材装备产品研发与应用

建材装备产品效率效能的高低直接影响建材行业能源资源消耗和污染物排放，近年来，建材机械行业积极发展绿色低碳建材装备，加大低能耗、高效节能、低碳减排装备的研发力度，开发新一代节能窑炉，低碳能源利用装备，碳捕集、利用与封存技术装备，以及适应新能源利用的成套技术装备；开展低品位余热利用、自消化 NO_x、SO_2 技术、烟气 CO_2 处理等技术装备的创新攻关；开发能源梯级利用、烟气除尘脱硫脱硝和多种污染物一体化综合治理深度减排技术装备等，为助力建材行业实现碳达峰提供节能和低碳能源利用的装备支撑。

2. 加强资源利用技术装备研发应用

加大水泥回转窑协同处置大宗固废、生活垃圾和城市污泥、有毒有害废弃物的研究和应用，积极开展资源化利用、有害垃圾及废弃物协同处置、替代燃料以及资源能源利用效率提升等技术装备的创新攻关。进一步研发应用城市建筑垃圾资源化的技术装备，推动固废资源利用和无害化处理，减少资源消耗，促进协同降碳。

三、建材机械行业减碳降碳路径探讨

一是实施用能结构低碳转型。扩展多元化用能，减少对化石能源的依赖；充分利用车间厂房，发展分布式光伏发电；积极利用新型节能技术和高效节能装备，替代生产过程中高能耗工艺、技术和装备，进一步降低单位产值的能耗水平。

二是实施科技创新低碳转型。全面推进建材装备产品全生命周期绿色设计、研发和应用低碳新材料、新技术、新工艺，降低产品全生命周期碳足迹；加快研发低成本碳捕集、利用与封存技术装备等。

三是实施制造过程绿色低碳转型。推进下料、加工、涂装等生产过程用料、用能精细化管理；推广新型低碳原材料应用，实施焊接工艺过程低碳化；应用低碳、环保涂料的涂装工艺。研发前沿低碳工艺，开发产品零部件自润滑、高耐磨、高耐腐蚀等表面涂层，以技术工艺革新、生产流程再造促进行业减碳降耗。

四是实施建材装备产品低碳转型。在产品设计上向适用新能源、更少的耗电量和更长的使用寿命方向进行突破，并可实现碳排放计算；在满足性能基础上,向轻量化、模块化方向设计。实现产品的低碳、低排、高效、节能、安全。

五是实施再制造新模式转型。打通磨辊磨盘、辊套、锤头等建材易损件“回收—再制造”循环型产业链条，加强再制造产品评价标准制定与认定，提高使用比例；推动再制造技术与数字化转型相结合，加强建材装备故障诊断与寿命评估等再制造关键共性技术研究，优化低碳运营。

六是实施绿色服务新模式转型，通过全面数字化升级帮助企业分析设备运行状况，帮助企业制订专业前瞻的维护方案，助力提升设备管理的有效性、安全性和环保表现，减少计划外停工，优化低碳运营，实现提质增效。

七是实施绿色智能融合转型。加快绿色工厂建设，实现生产经营全过程的绿色化。加快企业数字化建设，逐步推进生产线少人化或无人化，创建智能生产车间，构建数字孪生工厂，打造绿色智造工厂。

（中国建材机械工业协会常务副会长兼秘书长王玉敏）

房地产业“双碳”目标路径解析

中国房地产业协会

当前形势下，房地产行业应重点考虑如何为“双碳”目标的实现作出贡献。

国务院发布的《2030年碳达峰行动方案》（以下简称《方案》）提出两个指标，到2025年非化石能源消耗占比达到20%，与2020年相比，单位国内生产总值能源消耗下降13.5%，单位国内生成总值二氧化碳排放下降18%，到2025年，还有3年的时间；到2030年时，非化石能源消耗比占达到25%，单位国内生产总值的二氧化碳排放比2005年下降65%。为什么和2005年比？2005年是“十五”的最后一年，2005年开始是“十一五”规划中当时国家提出一个节能的目标是万元产值能源消耗比“十五”下降1.5%。所以“十一五”期间住房城乡建设部搞了很多可再生能源的开发利用示范项目，且有政策扶持，如有光电和光热等，所以和2005年相比。新发的行动方案定的一个阶段目标，此文件是公开的，这里的重点领域是能源、建材、交通、工业。

碳达峰碳中和，从本质上讲是两句话——“最大限度地节约化石能源”“最大限度地开发利用可再生能源”。

在节约化石能源的过程中，首先是节煤，然后是节电，再次是节气、节油。节煤层面，因为煤污染最直接，1t煤排放的二氧化碳是2.7t；节电层面，我国的能源结构70%是火电，即煤作为主要燃料，因此节约一度电，可以减少0.36kg标准煤降低1.32kg二氧化碳排放；可再生能源层面，开发利用过程中首先是光热，其装置简单、使用方便、便于维护。光热最大的好处是可以解决生活热水的问题。

在“双碳”目标下，要最大限度节约化石能源，最大限度地开发、利用可再生能源。应做到如下三个结合。

一、把技术节能和行为节能结合起来

目前对行为节能没有明确要求，比如宾馆、饭店，没有入住的房间内冰箱、电视90%仍处于待机状态。这两个设备24小时耗电至少1～1.5度。有人曾做过一个测算，把全国所有的宾馆、饭店处于待机状态的电视机和冰箱一年的能耗总和，相当于三峡水电站一年的发电量。虽然这个数据有待考究，但是有一点需要注意的是，此耗电量巨大。如果要求宾馆、饭店的服务员在清理房间之后把电视机关掉，这个就是行为节能。再比如像大型的超市、商场内，经常可以看见服务员穿着衬衣在工作，而顾客进去时要把羽绒服脱掉，拿着羽绒服在里面逛。这说明室内温度太高，过高的室内温度会带来两个不利：第一，对节能不利，根本用不了如此多的资源消耗；第二，对健康不利，室内外的温差太大，容易引起感冒。因此，面对诸如电能这种不可再生资源的消耗，要把技术节能和行为节能结合起来。

二、要把建筑的本体节能和采用新技术、新产品的节能结合起来

现在经常看到一些宾馆、饭店的窗户不能开启，为了保持新风，采用机械通风。国家相关标准及规范要求，在窗户上留有可开启扇，是

在自然通风不够的情况下才辅以机械通风。首先要自然通风，然后是机械通风。但是，在实际做法当中做颠倒了，把它封起来，然后采用机械通风的方式。在建筑本体上下的功夫不够，没有从设计上考虑建筑本体的主动式节能，这个理念是非常不合理的。

例如，峨嵋山的伏虎寺中有一组建筑，有僧房、经房和其他配套设施建设，康熙皇帝曾给这一组建筑题了三个字“离垢园”。之所以会题这个名，是因为这组建筑屋顶、庭院一年四季都不会有落叶、灰尘。长期以来人们注意到了这个现象，但往往人们把这个现象归咎于这组建筑受到大雄宝殿里大佛的庇护。但是，经研究表明，这组建筑依山而建，座西南朝东北，加上当地的气候和地形形成常年的东北风从山门沿着此通道一直吹上来，每一个建筑都比前一个建筑高，最后一个建筑砌了一道墙，使风进入后在每一个院子里都有旋风，旋风就带走了落叶和灰尘。而当今社会在城市里建建筑，选不到这么合适的位置，风向也不一定对，位置也不一定对，但是有一条，要在建筑本体上下功夫，不存在技术问题。

再如天津某公寓，地下室的通风口是一根铁管，而且这根铁管是弯的。为了加快地下室的通风，把这个铁管拐角的地方掏空了，这样它的新风量就大多了。深圳建科院新建的办公楼在建筑本体上下了很多功夫，增加了很多自然通风、保温、隔热的功能，取得了良好的节能效果。因此，在建筑本体上应该把建筑本体节能和新技术节能结合起来，为后期的运行提供很好的节能基础，那么这个建筑的功能就会越来越完善。建筑本体设计的节能和在建造过程中采用技术材料产品的节能结合，在某一维度也可体现出自然辩证法的优势。

三、节能要把城市的节能和乡村的节能结合起来

乡村的节能面临的问题是先用能后节能，因为乡村的用能普遍是不够的，不是节约的问题。用能普遍不够的表现是两个，一是生活热水的用量很低，二是冬季北方室内温度偏低。从着装就能看出来，城里人在家里最多穿薄毛衣或羊绒衫就够了，而农村得穿棉袄棉裤。当然，这也和生活习惯有一定的关系，但是室内的热舒适性差，这是一个基本的现实。

在解决农村用能时，不能把城市的用能方式简单地用于农村，要和农村当地的生活习惯相结合。过去在农村有一种土灶，灶具放在偏房，一个大锅烧水做饭，旁边挖一个小洞，放一个小的水罐，里面放热水，烧菜、做饭的余热把小罐里的水加热，洗漱就可以用这里的热水，比用大锅烧热水要节能。充分利用余热，烟里面有温度，走火炕，这种方式至今还在沿用。虽然这种用能水平和技术水平不高，但是非常实用。但通过对北京的农村调研可发现，一个 130 平方米的房子，其用能设施是一个小锅炉烧煤供暖，有一个液化气罐做饭，还有一组太阳能装置，满足生活热水，调研时的煤价每吨 600 元，加之液化气等，一个月大概要花 1500 ～ 2000 元的用能成本，而对一户农家来说相当大。这户农家的用能设备在城里很普遍且行之有效，但在农村并不符合实际：其一与用能习惯不符，其二与经济状况不符。因此在解决农村用能问题的时候，绝对不能把城里的用能措施直接照搬。所以，农村首先要合理用能，通过合理用能，让生活品质提高，在提高的过程中尽量节能。

技术节能与行为节能，设计节能与应用技术产品节能，城市节能与农村节能，三个结合做到了，那么在碳达峰碳中和的发展背景下，

房地产行业就发挥了重要且积极的作用。所以，房地产行业在转型发展过程中，一定要往前走，转型发展是不可逆的。房地产行业在过去发展中利润很大，基本是巨额利润。马克思曾对巨额利润做过一个界定，是生产费用的两倍，房地产行有些还不止，所以回不去了。因为就社会来说，资本是逐利的，整个国民经济是一个体系，如果在这个体系当中，某一个行业利润很高，大量的资本就会向这里聚集，资本越高，资本的竞争越激烈，激烈的表现就是降低资本收益率，降低到什么程度？降低到和其他行业相近的时候。现在工业企业的利润一般是 2% ～ 3%，房地产行业高于这个，以前高得更多，所以现在在调整。

再者，从客观角度来看，房地产行业也到了提高品质进行高质量发展的重要阶段。按照国家统计局公布的数据，改革开放 40 周年的时候，国家城镇人均住房面积（建筑面积）是 39 平方米，比改革开放之初 1978 年的 6.7 平方米增加了 32.3 平方米，这个数据已经相当可观了。到 2020 年城镇人均住房面积大概是 40.3 平方米，这个量就很大了。人均住房面积是从总体层面来计算的，在实际当中有两个关于分布的问题：一个是地域分布不均匀，一二线城市多一些，再往下分布得少一些，不合理；另一个是在人群中分布不合理，有人多有人少。这部分问题通过税收来调节，房子多的多交税，不愿意交税的卖房子。因此，房地产行业一定要认识转型的必然性、迫切性和不可逆性。

经调研，目前大部分房企态度消极，认为房地产形势会好转，现在先熬着，实在不行就躺平。我想提醒大家，在当前房地产行业转型关键时期一定要认清形势，第一，形势会好转，但绝对回不到过去；第二，熬不出眉目的时候，只有卧薪尝胆，在自强上下功夫；第三，历史趋势是向前发展，谁不努力谁就被淘汰，躺平只能被动挨打。

转型不是平面拐弯是爬坡，而是一个痛苦的过程。弯道超车这种用交通现象比喻房地产行业的发展并不是很准确。只有卧薪尝胆，奋起直追，少走弯路，中国的房地产事业才能发展得更好。中国房地产业协会是一个社会团体组织，希望能在这个转型和实现“双碳”目标的过程和大发展背景下，为行业、为企业作出自己的贡献。

（中国房地产业协会住宅技术委员会秘书长高雪峰）

立足行业低碳转型发展
服务国家“双碳”战略实施

中国建筑材料科学研究总院有限公司

2020年9月，国家主席习近平在第75届联合国大会一般性辩论上提出“二氧化碳排放力争于2030年前达到峰值，努力争取2060年前实现碳中和”的目标和愿景，碳达峰碳中和成为国家战略。实现碳达峰碳中和，是以习近平同志为核心的党中央统筹国内国际两个大局作出的重大战略决策，也是一场广泛而深刻的变革。

建材工业尤其是水泥工业，由于其工艺特性，CO_2排放一直处于高位。据统计，2020年水泥工业的CO_2排放总量约14亿吨，约占我国工业排放总量的13%。在“双碳”背景下，我国建材工业面临着极其严峻的降碳形势，开展减碳工作刻不容缓。为此，建材行业闻令而定，坚决履行行业应尽的责任，在政策牵引、科技创新等方面开展了大量卓有成效的工作。

一、国家对建材行业“双碳”工作的顶层设计

中共中央、国务院于2021年9月22日发布了《关于完整准确全面贯彻新发展理念做好碳达峰碳中和工作的意见》（以下简称《意见》）。在《意见》中，明确要求“双轮驱动”，强化科技和制度创新，加快绿色低碳科技革命；推动产业结构优化升级，制定建材等行业和领域碳达峰实施方案；大力发展节能低碳建筑，全面推广绿色低碳建材，推

动建筑材料循环利用。国务院于2021年10月24日印发了《2030年前碳达峰行动方案》（以下简称《方案》）。该《方案》以“有力有序有效做好碳达峰工作”为宗旨，强调总体部署、全国一盘棋、顶层设计以及稳妥有序、安全降碳；要求实施重点行业节能降碳工程，推动建材等行业开展节能降碳改造、提升能源资源利用效率；推动建材行业碳达峰，引导建材行业向轻型化、集约化、制品化转型；建材行业因地制宜利用风能、太阳能等可再生能源，逐步提高电力、天然气应用比重；鼓励建材企业使用粉煤灰、工业废渣、尾矿渣等作为原料或水泥混合材；加强新型胶凝材料、低碳混凝土、木竹建材等低碳建材产品研发应用。

从《意见》的精神和《方案》的重点任务部署与要求可以看出，科技创新是碳达峰碳中和的重要驱动力，水泥等建材工业的低碳化与绿色化将成为发展必然。水泥工业在“十四五”与“十五五”期间，应深入开展水泥低碳基础理论与应用技术研究，攻克一批水泥低碳、零碳、负碳的原创性技术成果；着力推广“风光”等绿电技术，采用生物质等替代燃料技术，降低化石燃料消耗，进而降低燃料的碳排放。除采用低碳制备技术实现低碳生产外，开发诸如大掺量固废水泥及新型胶凝材料等低碳胶凝材料新体系，也应是重点鼓励与推荐的技术发展方向。

二、各部委对建材行业“双碳”工作的举措与目标

根据中共中央与国务院的“双碳”工作精神和指导意见，各部委积极行动，按照“各领域、各行业因地制宜、分类施策”，明确“既符合自身实际又满足总体要求”的原则，结合行业实际情况，制订了“双碳”工作方案或技术路线图。

国家发展改革委于2021年10月21日发布了《关于严格能效约束推动重点领域节能降碳的若干意见》，文件指出：到2025年通过实施节能降碳行动，水泥等重点行业达到标杆水平的产能比例超过30%；到2030年，重点行业能效基准水平和标杆水平进一步提高，行业整体能效水平和碳排放强度达到国际先进水平。在发展改革委同期发布的《冶金、建材重点行业严格能效约束推动节能降碳行动方案（2021—2025年)》中，确定了水泥熟料可比标杆能耗为100kgce/t，并提出应积极开发优质、高强、长寿命的绿色低碳水泥产品。综上，提升能效水平是水泥工业碳达峰进程中重要举措之一，低碳水泥新产品开发与应用也将起到重要支撑作用。

国家科技部针对碳达峰碳中和开展了三方面的工作：一是从创新层面，制订文件《科技支撑碳达峰碳中和行动方案》，明确了科技创新的主要任务；二是从实施层面，编制《科技支撑碳达峰碳中和技术路线图》，提出我国碳中和技术措施、发展路径和有关部署建议；三是从组织层面，推动设立“碳中和关键技术研究与示范”重点专项，加强碳中和相关技术的研究和应用实施。

三、建材行业协会推进“双碳”工作的途径与思路

中国建筑材料联合会作为建材行业主管部门，积极部署与开展建材工业节能减碳工作。2021年1月7日，中国建筑材料联合会发布了《全力推进碳减排 提前实现碳达峰——推进建筑材料行业碳达峰、碳中和行动倡议书》（以下简称《倡议书》）。《倡议书》基于“宜业尚品、造福人类”的行业发展新目标，提出扭转旧发展模式，转向绿色资源能源、生态友好、高质量发展新模式，倡议调整优化产业产品结构，推动建

筑材料行业绿色低碳转型发展；加大清洁能源使用比例，促进能源结构清洁低碳化；加强低碳技术研发，推进建筑材料行业低碳技术的推广应用；提升能源利用效率，加强全过程节能管理。《倡议书》根据水泥工业的流程特点，在熟料生产、水泥制备与应用的各个环节全面部署了低碳技术，重点强调淘汰落后产能、应用清洁能源、研发新型胶凝材料、提升能源效率等低碳技术对建材工业碳达峰的支撑作用。

四、建材行业龙头企业落实“双碳”工作经验做法与成果

中国建材集团作为世界最大的水泥生产商，积极践行央企责任，将碳达峰碳中和的战略部署作为“十四五”发展的重要内容，部署了近期拟推广的提高能效，发展碳捕集、利用与封存技术，原料工艺优化等低碳技术，并谋划布局了优化能源结构、大力提高能源替代水平、发展碳金融等长远技术策略。同时，中国建材集团围绕低碳绿色发展需求，以“揭榜挂帅”的形式，发布了“原创技术策源地”和“关键核心技术攻关”两类榜单，共 25 个科技攻关任务。上述任务的实施，将为中国建材集团低碳转型发展、提升行业可持续发展提供重要技术支撑。

中国建筑材料研究总院有限公司（以下简称总院）积极谋划“双碳”科技创新工作。2021 年 4 月 22 日，科技部副部长徐南平就科技支撑建材行业碳达峰碳中和情况调研总院时指出，作为国家战略科技力量，总院应充分发挥科技优势，为行业低碳、减碳继续提供更有力的科技支撑，让传统的水泥等建筑材料在新时代绿色发展中再次体现革命性贡献。

近年来，总院积极开展水泥工业低碳创新方面的基础理论和共性

关键技术研发工作，取得了一系列成果。开发了以 C_2S 等低钙矿物为主导的低碳硅酸盐水泥制备关键技术，实现了水泥性能的低热、高强、高耐久，满足了高性能混凝土、水工大体积混凝土等特殊环境混凝土的技术要求，并成功应用于乌东德水电站等国家重点工程；开发出生态水泥、超硫水泥、全固废胶凝材料、镁质胶凝材料（包括碳负性水泥）、碱激发胶凝材料等系列新型无（少）熟料低碳水泥品种；前瞻布局水泥窑炉烟气碳捕集、利用与封存技术领域，并积累了一定成果。截至目前，在低碳水泥相关领域累计获得发明专利百余件。同时，总院积极参与国家“双碳”政策制定，为碳减排方案与技术路线图、行业碳达峰碳中和战略部署提供重要咨询建议。

在公共服务领域，中国国检测试控股集团股份有限公司（以下简称国检集团）获批国家工业和信息化部“2021 年产业技术基础公共服务平台—重点原材料行业碳达峰、碳中和公共服务平台”项目，该平台将有利于实现技术与产品碳排放的标准管控，推动我国加快建材等典型行业碳达峰碳中和进程。同时，国检集团作为中国材料与试验团体标准委员会碳排放领域委员会秘书处单位，将充分发挥标准对碳排放工作的指导和引领性作用。

全力推进碳达峰碳中和，是建材行业坚决贯彻落实习近平生态文明重要思想的重大举措，是建材行业进入绿色低碳新发展阶段、贯彻“宜业尚品、造福人类”新发展理念、构建可持续健康新发展格局的重要保障。总院将协同内外部同人紧抓“碳达峰碳中和”目标机遇，坚定信心、凝聚智慧、同心协力，面向低碳技术国际前沿，面向我国低碳发展的重大需求，面向人民群众对美好生活的追求，在低碳技术领域攻坚克难、自立自强，为实现我国碳达峰碳中和的伟大目标贡献总院人的智慧和力量。

实现碳达峰碳中和
必须要把节能增效放在突出位置

中国宏观经济研究院能源研究所

2020 年 9 月 22 日，在第 75 届联合国大会上，国家主席习近平提出，我国二氧化碳排放力争于 2030 年前达到峰值，努力争取 2060 年前实现碳中和。党的十九大提出了我国 2035 年基本实现社会主义现代化，到 21 世纪中叶建成社会主义现代化强国的宏伟目标。上述四个目标为我国中长期经济社会发展和能源发展指明了方向，节能需要为这四个目标的实现发挥支撑作用。

一、2030 年前碳达峰、2060 年前碳中和目标，对我国节能提效提出更高要求

（一）碳达峰碳中和目标要求大幅降低能源相关二氧化碳排放

为主动采取措施减缓气候变化，《京都议定书》中规定对六种温室气体排放进行控制。这六种温室气体是：二氧化碳（CO_2）、甲烷（CH_4）、氧化亚氮（N_2O）、氢氟碳化物（HFCs）、全氟化碳（PFCs）、六氟化硫（SF_6）。根据 IPCC 第五次评估报告，2010 年在全球六种温室气体中，二氧化碳排放占比约 76%，影响最大，其中化石能源燃烧和工业生产过程（如水泥生产过程中碳酸盐受热分解）占全部温室气体排放的 65%，农业林业和土地利用占全部温室气体排放的 11%。除了二氧化碳排放外，甲烷排放占全部温室气体排放的 16%，氧化亚氮占 6%，含氟气体占 2%。

二氧化碳排放达峰，是指人类活动排放的二氧化碳气体达到峰值。碳中和是近年来气候治理领域出现的新概念，国际上并无统一的定义。有专家指出，狭义的碳中和，是二氧化碳的中和，即某个地区在规定时期内人为活动直接和间接排放的二氧化碳，与通过植树造林，碳捕集、利用和封存等吸收的二氧化碳相互抵消，实现二氧化碳排放与吸收的平衡；广义的碳中和，是指包含二氧化碳在内的全部温室气体的中和。

实现二氧化碳大幅度减排，主要有五个途径：一是通过节能和提高能效，减少化石能源消费量；二是利用非化石能源替代化石能源；三是利用新技术（即 CCUS 技术）将二氧化碳捕获、利用或封存到地下；四是采用替代原材料或采用 CCUS 技术减少工业过程的二氧化碳排放；五是调整农业林业结构和土地利用方式，通过植树造林增加碳汇。其中前三项与能源系统有关。

（二）节能是实现二氧化碳排放大幅下降的最主要途径

节能和提高能效，是 2050 年前能源系统实现二氧化碳大规模减排的最主要途径。国际能源署分析指出，如果要把全球温升控制在 2℃以内，2050 年前全球能源相关二氧化碳排放需要减少 40%～70%。如果全球温室气体排放从目前的 330 亿吨下降到 2050 年的 100 亿吨左右，则 2050 年前节能和提高能效对全球二氧化碳减排的贡献为 37%，发展可再生能源贡献为 32%，燃料替代贡献为 8%，发展核电贡献为 3%，CCUS 技术贡献为 9%，还有 12% 贡献由其他技术满足。可见，2050 年之前，节能和提高能效，被视为全球能源系统二氧化碳减排的最主要途径。

（三）发达国家人均能源消费已达峰值并通过强化节能逐步下降

人类社会发展历史表明，随着一个国家经济持续发展，其人均能源消费量也逐渐增长，工业化、城镇化基本完成以后，人均能源消费量将达到饱和，饱和时间可维持 20 年、30 年，甚至更长时间。历史上，美国、加拿大等国人均能耗曾高达 11～12 吨标准煤，德国、英国、日本等国家也至少达到 6 吨标准煤，这意味着按传统方式完成工业化、城镇化并建成现代化国家，人均能源消费量至少要达到 6 吨标准煤。

值得关注的是，20 世纪 90 年代以来，随着全球气候变化问题提上日程，发达国家纷纷意识到只有降低能源消费，才能减少二氧化碳排放，同时为加快化石能源替代创造条件。美国、德国、英国、日本等发达国家纷纷加大对节能和提高能效的重视，采取措施努力降低本国能源消费。经过近 20 年的努力，美国的人均能源消费量从 2000 年的 11.1 吨标准煤下降到 2019 年的 9.8 吨标准煤，下降 11.9%；德国从 2000 年的 6.1 吨标准煤下降到 2019 年的 5.4 吨标准煤，下降 12%；英国人均能源消费量从 2000 年的 5.6 吨标准煤下降到 2019 年的 4.0 吨标准煤，下降 29%；日本从 2000 年的 5.8 吨标准煤下降到 2019 年的 5.0 吨标准煤，下降 14%。人均能源消费量和本国能源消费总量的下降，为这些国家减排二氧化碳作出了重要贡献。

2010 年，德国制定了“2050 年能源消费量比 2008 年降低 50%”的新目标，这意味着届时人均能源消费量将进一步下降到 3 吨标准煤左右。德国 2050 年新目标是以人均 3 吨标准煤支撑现代化社会运行，其雄心值得高度关注。

（四）发展经济的同时控制能源消费增长是我国减排二氧化碳面临的最大挑战

目前，我国人均 GDP 按 2010 年美元价计算为 8235 美元（按 2020 年汇率计算，接近 1 万元人民币），而美国、日本、德国、英国 2017

年人均 GDP 已分别高达 5.3 万美元、4.9 万美元、4.7 万美元和 4.3 万美元（2010 年美元价）。我国能源消费目前仍处于上升阶段，2019 年人均能源消费量为 3.4 吨标准煤，逐步接近英国、日本、德国当前人均能耗水平。

要想在 2060 年之前实现碳中和，意味着没有足够的时间让我国再重复发达国家人均能源消费的先快速增长、再长时间饱和、最后逐渐下降的“三步走”历程。我国的现代化国家建设，必须要始终把人均能源消费控制在较低水平，以较低的能源消费实现 2035 年建成现代化国家、2050 年建成现代化强国的宏伟目标。

如果控制在目前日本人均能源消费 5.6 吨标准煤的水平，我国能耗峰值需控制在 78.4 亿吨标准煤以内；如果控制在目前德国人均 5.0 吨标准煤的水平，我国能源消费峰值需控制在 70 亿吨标准煤以内；如控制在目前英国人均 4.0 吨标准煤的水平，我国能源消费峰值需控制在 56 亿吨标准煤以内。

（五）实现碳达峰碳中和目标必须始终把节能增效放在突出位置

节能是我国实现碳排放达峰目标的最重要途径。只有尽量压低一次能源消费量，二氧化碳排放达峰和碳中和目标才能更容易实现。多方测算表明，节能和提高能效对我国实现 2030 年前碳排放达峰目标的贡献在 70% 以上，发展可再生能源和核电贡献接近 30%。二氧化碳捕集和封存，对我国 2030 年前实现碳达峰很难作出实质性贡献。因此，“十四五”和“十五五”规划中，我国要始终坚持设定较为积极的节能目标。

从实现 2060 年前碳中和目标看，更要把节能和提高能效放在突出位置。一方面，经济社会发展和生活水平提高会推动能源消费增长；

另一方面，科技进步和能效提高会导致能源消费下降。展望21世纪中叶，我国作为届时的社会主义现代化强国和人口大国，只有将能效水平提高到世界一流乃至全球领先水平，才能与现代化强国的状态相匹配，更顺利地实现2060年前碳中和目标。

二、贯彻新发展理念，把节能增效深度融入现代化国家建设新征程中

节能增效不是一项技术措施，而是涉及发展理念、发展道路、生产方式、生活方式的重大任务，需要从全过程、各领域加以强化并始终坚持。持久推进节能增效，既是一项重大的社会工程，也是一项艰巨的系统工程。

从“十四五”时期开始，必须要以新发展理念为指导，推动经济结构调整，大幅提高能效标准，加快能源价格税收改革，推动我国走上一条高能效、低能耗、面向碳中和的新型现代化发展道路。

（一）以新发展理念为指导把节能增效作为高质量发展的重要评价标准

我国的现代化国家建设，必须要以创新、协调、绿色、开放、共享的新发展理念为指导，始终坚持资源节约的基本国策，坚持以人为本的发展目标，持续推动高质量发展。

在构建以国内大循环为主体、国内国际双循环相互促进的新发展格局中，要把是否节约高效、是否有利于碳中和目标的实现，作为重要评价指标和准入门槛，推动能源资源配置更加合理，能源利用效率大幅提高，切实推动质量变革、效率变革、动力变革。要通过

建立节能和提高能效的长效机制，在经济持续增长的同时，进一步提高能效水平，降低实现2030年前碳达峰、2060年前碳中和目标的难度。

（二）优化经济结构、产业结构，持续挖掘结构节能空间

产业结构是节能和提高能效的重要抓手。要进一步发挥节能和提高能效，对加快我国经济结构、产业结构、能源结构调整的推动作用，使经济发展和能源消费增长逐步“脱钩”。目前，我国第一产业比重占7.1%，工业占GDP比重为39%，服务业占GDP比重为53.9%。对照美国、英国、日本、德国三次产业结构变化历史可以发现，我国第一产业还有6个百分点的下降空间，工业至少有3个百分点的下降空间，服务业至少有10个百分点的上升空间。一般而言，服务业单位GDP能耗要大大低于第二产业的单位GDP能耗，服务业比重提高，既是经济发展的客观规律，也是我国经济发展的大势所趋，还有利于实现我国节能低碳的目标。

除了三次产业结构调整以外，产业内部结构调整对节能增效贡献更大。预计未来几年国内钢铁、水泥等高耗能行业产品需求将呈现下降趋势，需顺应市场需求调整规律，深入推进供给侧结构性改革，提高钢铁、水泥等高耗能产业减量置换比例，把高能效和低碳排放纳入产能减量置换门槛。要鼓励各省因地制宜，建立产业准入清单，将新建项目列为鼓励类、限制类、禁止类，推动新增固定资产投资与能耗强度降低目标和长期碳中和目标相匹配。要加快壮大新一代信息技术、新能源、新能源汽车、节能环保等战略性新兴产业发展，使工业和各产业内部结构向高附加值、低能耗方向转变。以国际市场为目标的产业在一定程度上，加重了我国的能源消耗和碳排放负担，要结合远期

碳中和目标提前作出谋划。

（三）对锁定效应强的重点领域采取超常规手段大幅提高能效准入标准

近十几年，我国处于城镇化建设阶段，每年新竣工建筑面积 40 多亿平方米。而新建的居民住宅、学校医院、机场火车站等建筑物至少要使用 70 年，新建设的油气管网、热力管网至少要使用 30 年。距离 2060 年前碳中和愿景只剩下不到 40 年时间，如果这些新建的住房和基础设施没有采用全球最先进的高效节能技术，则未来 40 年内需要实施改造甚至拆除重建，“技术锁定”问题突出。

对居住建筑、公共建筑、能源基础设施等锁定效应强，且投资高、影响范围大的重点用能领域，不能再延续以“跟跑”为主、市场推动技术缓慢迭代的传统方式。必须要强化政府主导，抓紧制订与碳中和目标相匹配的能源效率标准，大幅提高能源效率准入要求，尽早使新建建筑和基础设施的能效水平与发达国家“并跑”，甚至“领跑”。

（四）推广节能新技术、新模式、新业态，挖掘跨部门、跨行业节能潜力

创新是节能和提高能效的根本动力。近年来，我国政府持续发布节能新技术，推动客户了解并使用新技术。面向碳中和目标，要进一步强化科技创新的引领作用，探索节能新工艺、新材料、新设计思路，加快推广节能新技术、新模式、新业态，为深挖行业节能潜力提供更多的解决方案。

除了深挖行业内部节能潜力，跨行业资源整合更是节能增效的“蓝海”。近年来，我国工业企业纷纷离开城市进入园区聚集，通过整合入

园企业用热、用电、用水、用气需求，集中规划建设热力、天然气和电力基础设施，并实现多能互补和智能化管控，园区能源消耗可减少15%～20%，企业用能和污染物治理成本也会显著降低。要进一步加强工业园区的余热利用、园区节能改造和综合能源服务，破除资源整合的机制体制障碍，深挖跨部门、跨行业、跨能源品种节能潜力。

（五）完善能源市场信号，推动外部成本内部化

市场信号是市场经济条件下节能的内生动力所在，是调动全社会节能减碳的重要“指挥棒”。目前，我国能源价格改革尚未完全到位，电力价格、热力价格、天然气价格问题更加突出：一是没有充分反映市场供需状况，二是没有充分反映资源稀缺程度，三是没有充分反映生态破坏、环境污染、碳排放等经济外部性影响。就实现碳中和目标而言，如果浪费能源成本低、高碳能源价格低，能效和碳排放因素不能反映到市场信号中，则很难调动企业节能减碳的积极性，推动企业和消费者从“要我节能减碳”向“我要节能减碳”转变。

要加快推动能源价格改革，使能源价格更好地反映市场供需、反映能源资源稀缺程度和生态环境损失，特别要反映碳排放影响。要研究运用税收手段推动碳减排的有效途径，探讨提高化石能源资源税或开征碳税等可行办法。“十四五”时期，要力争将“二氧化碳排放影响”初步纳入能源市场信号体系，使市场力量在我国实现碳达峰碳中和过程中，发挥更大的作用。

（中国宏观经济研究院能源研究所研究员白泉）

电力行业碳达峰实施方案研究

中电联电力发展研究院

一、电力行业碳达峰所处内外部环境与面临形势

（一）我国电力供应及碳排放情况

我国非化石能源发展持续推进，电力碳排放占全社会碳排放总量的 4 成左右。截至 2020 年底，全国发电装机容量 22.0 亿千瓦，其中非化石能源装机容量 9.8 亿千瓦，占比 44.8%；全口径发电量 7.6 万亿千瓦时，其中非化石能源发电量 2.6 万亿千瓦时，占比 33.9%。2020 年我国能源消费二氧化碳排放约 100 亿吨，电力行业二氧化碳排放约 42 亿吨，能源电力行业碳减排任务重、责任大，承担着主力军作用。

（二）国际碳排放现状及经验启示

电力行业对推动全社会能源消费方式升级发挥积极作用，国外电力碳达峰时间在全行业中总体偏晚。美国、日本、英国、德国等主要发达国家能源电力行业通过大力发展可再生能源、提高能源利用效率、提升电力需求侧响应能力、加大能源科技创新投入力度、充分发挥市场优化配置资源作用等措施，均已实现碳达峰，同时，这些国家的电力碳达峰时间普遍接近或晚于全社会碳达峰时间。主要国家电力碳达峰经验具有一定借鉴意义。我国电力行业在助力实现全行业碳达峰过程中，不仅要加快清洁能源开发利用，推动行业自身的碳减排，还要支撑钢铁、化工、建材等重点行业提

高能源利用效率、尽早实现碳达峰，要满足全社会实现更高水平电气化要求。

（三）电力行业碳达峰面临的形势与挑战

电力行业进入绿色低碳转型关键期。电力需求保持刚性增长，终端用能电气化水平持续提升，新能源发展步伐加快，电力供给向清洁能源转变，电力碳排放逐步进入峰值平台期，技术创新驱动力不断增强，综合智慧能源业态日臻成熟，体制改革全面深化，绿色电力“一带一路”倡议建设持续推进。

我国实现碳达峰碳中和时间短，任务重。新能源逐步成为主体电源的同时，电力安全保障压力加剧，更大规模清洁能源开发利用存在制约，电力系统能效水平亟待提高，绿色电力供应成本近中期呈现上升态势，各产业协同推动电气化进程仍需加强，适应新形势的电－碳市场体系建设任重道远。

二、电力行业碳达峰总体思路与主要目标

（一）总体思路

电力行业实现碳达峰，要以习近平新时代中国特色社会主义思想为指导，全面贯彻党的十九大和十九届二中、三中、四中、五中、六中全会精神，认真落实党中央、国务院决策部署，深入贯彻“四个革命、一个合作”能源安全新战略，强化创新驱动，控制化石能源总量，提高电力利用效能，实施可再生能源替代行动，深化电力体制改革，加快构建以新能源为主体的新型电力系统，为国家实现碳达峰碳中和目标作出积极贡献。

电力行业实现碳达峰，要坚持统筹协调，处理好减污降碳和电力安全保障的关系，深入挖掘电力碳减排潜力；坚持绿色转型，提升清洁能

源消纳能力，提高非化石能源消费比重；坚持提质增效，提升电力系统能效水平，助力智慧能源系统建设；坚持改革创新，完善电力低碳转型政策体系和电力市场机制，理顺电力价格机制，推动低碳电力技术创新。

（二）主要目标

确保2030年前、力争2028年电力行业实现碳达峰。电力二氧化碳排放峰值水平处于合理区间，到2030年，发电总装机容量达到39.7亿千瓦，非化石能源发电装机占比提高到61.4%，煤电装机实现达峰，峰值规模约13.0亿千瓦，跨省跨区电力流达到4.6亿千瓦，电能占终端能源消费比重将提高到35%。以新能源为主体的新型电力系统不断推进，新能源和可再生能源，核、气、煤多元驱动、协调发展的电力供应体系全面构建，新增用电需求主要依靠清洁能源满足，电力安全保障能力持续提升，有力支撑现代能源体系建设。

到碳中和阶段，以新能源为主体的新型电力系统全面成熟，实现电力净零排放，非化石能源发电量占比超过90%，电能占终端能源消费比重超过65%，非化石能源消费比重超过80%，电力碳中和目标顺利实现。分情景电力行业碳达峰方案见下表。

表　分情景电力行业碳达峰方案

		情景一	情景二	情景三
电力碳达峰目标	电力碳达峰时间	2030年	2028年	2025年
	电力碳排放峰值（亿吨）	47.5	44.5	43
	电力碳排放强度[g/（kW·h）]	413	411	439

续表

		情景一	情景二	情景三
2030 年	发电装机容量（亿千瓦）	37.9	39.7	41.2
	煤电装机容量（亿千瓦）	13.3	13.00	12.50
	新型储能规模（亿千瓦）	0.785	0.85	1
	非化石能源装机占比(%)	58.7	61.3	64.0
	新能源发电量占比（%）	22.1	25.3	28.5
2020—2030 年	电源投资规模（亿元）	89228～90847	100798～102782	107533～110593
	电力供应成本提升 [元 / (kW·h)]	0.096～0.097	0.114～0.116	0.134～0.135
综合推荐方案：情景二				

三、电力行业碳达峰实施方案

（一）积极发展非化石能源

1. 大力发展新能源

有序推进“三北”地区风电和太阳能发电集约高效开发，在内蒙古自治区西部、宁夏回族自治区、陕西省北部、新疆维吾尔自治区等资源优且外送条件好的地区加大新能源开发力度，在青海省、甘肃省河西走廊地区探索建设高比例新能源外送电基地，在西南水电基地统筹推进水风光大型可再生能源基地建设。优先发展平价风电项目，推行市场化竞争方式配置风电项目。大力发展海上风电，加快东部地区江苏省、浙江省、福建省、广东省等近海深水布局，并逐渐向远海方向发展。我国加快东中部分布式风电、太阳能发电开发建设。重点针对我国中东部和南方地区资源条件良好且负荷增速快的地区建设分布式光伏，积极推进整县（市、区）屋顶分布式光伏开发，积极推动实施分布式能源市场化交易，促进分布式能源消纳。2025 年、2030 年、2035 年，风电装机容量分别达到 5.0 亿千瓦、7.0 亿千瓦、10.0 亿千瓦，太阳能发电装机容量分别达到 6.0 亿千瓦、9.5 亿千瓦、15.0 亿千瓦。

2. 因地制宜开发水电

新增常规水电规模主要集中在我国西南地区（含云南省）金沙江流域、雅砻江流域和大渡河流域。通过“水风光”互补开发，形成流域大型清洁能源开发新格局，打造“西电东送”接续能源基地。在云贵地区实施水火互济，基本解决弃水问题，在黄河上游流域推进水风光互补运行。2025 年、2030 年、2035 年，常规水电装机分别达到 3.9 亿千瓦、4.4 亿千瓦、4.8 亿千瓦。

3. 积极安全有序发展核电

明确核电中长期发展目标，启动一批沿海核电项目建设，加大新一代核电技术应用，加快小堆技术应用，适时启动内陆核电建设。“十五五”“十六五”期间，核电年均增加 8 ～ 10 台机组，2025 年、2030 年、2035 年，核电装机容量分别达到 0.8 亿千瓦、1.2 亿千瓦、1.5 亿千瓦。

（二）推动煤电高质量发展

1. 合理控制煤电建设规模和发展节奏

充分发挥煤电“托底保供”作用，适度安排煤电新增规模，服务新能源发展。在布局方面，落实火电产能控制政策要求，严控我国东中部煤电装机规模。在充分利用好现有通道输电能力的基础上，有序推进西部北部煤电基地集约高效开发，配合清洁能源大规模开发与外送。在北方城镇地区推进热电联产集中供暖。

2. 引导煤电充分发挥灵活性优势和容量效应

优化煤电灵活性改造技术路线，确保机组安全经济运行。优化调度运行方式，充分发挥各类机组技术特性和能效作用。实施煤电节能减排升级与改造行动。“十四五”期间完成节能改造 3.5 亿千瓦以上，新建燃煤机组全部实现超低排放。规范煤电机组状态评估和寿命管理。保留 2500 万千瓦煤电机组延寿运行，更好地发挥经济效益。淘汰煤电落后产能 2000 万千瓦。

（三）提高电网资源优化配置能力

持续优化电网主网架建设。提升华北特高压交流电网送电京津冀地区的能力，加强华北一华中特高压联网工程，完善华东特高压电网，完善华中“日”字形特高压交流主网架，建设川渝特高压交流工程。稳步推进跨省跨区输电通道建设，建设白鹤滩至华东地区、金沙江上游外送、陇东至山东省、哈密市至重庆市等特高压输电通道。加快配电网改造和智能升级，积极推进微电网建设。增强配电网对分布式清洁能源的适用性，因地制宜发展新能源微电网，进一步提升农村地区清洁能源服务能力和供电可靠性。

（四）防范电力安全重大风险

1. 提升电力系统本质安全水平

推动构建规模合理、分层分区、安全可靠的电力系统，健全电力发展安全工作机制，建立国家电力安全风险防控及应急体系，基本杜绝电力系统稳定破坏和大面积停电事故。

2. 完善应急保障电源布局，加强应急备用能力建设

科学确定电力系统应具备的必要惯量与短路容量支持能力，谋划在负荷中心地区安排一定规模的支撑性煤电，在气源有保障的地区有序安排燃气电站，确保电力供需平衡。

（五）提高电力系统综合调节能力

深入实施火电机组灵活性改造，“十四五”期间力争完成煤电灵活性改造 1.7 亿千瓦。积极推进在建抽水蓄能电站建成投产，统筹新能源为主体的新型电力系统安全稳定运行、高比例可再生能源发展、多能互补综合能源基地建设和大规模远距离输电需求，考虑省际间、区域内的资源优化配置，加快推进河北省、河南省、安徽省、浙江省、广东省等系统调节能力，提升重点地区抽水蓄能电站建设，2025 年、2030 年、2035 年，抽水蓄能装机容量分别达到 0.8 亿千瓦、1.2 亿千瓦、1.5 亿千瓦。大力发展新型储能，增强源网荷储配套能力，2025 年、2030 年、2035 年，新型储能装机容量分别达到 0.35 亿千瓦、0.85 亿千瓦、2.2 亿千瓦。合理布局适度发展气电，加快推动燃气调峰发电机组执行两部制电价，为燃气电站参与电力系统调峰调频营造良好的市场环境，2025 年、2030 年、2035 年，气电装机容量分别达到 1.5 亿千瓦、2.4 亿千瓦、3.0 亿千瓦。大力提升电力需求侧响应能力，到 2025 年，省级电网基本具备 3%～5% 的尖峰负荷响应能力。

（六）提高终端能源消费电气化水平

全面实施工业、建筑、交通部门电能替代。重点推进建设电气化铁路、电动汽车充换电基础设施、港口岸电，面向用热量大的生产制

造业推广蓄热式工业电锅炉，推动炊事、供热、制冷等环节全面电气化。2020—2035 年，替代电量累计超过 1.7 万亿千瓦时。2025 年、2030 年、2035 年，电能占终端能源消费比重分别达到 31%、35%、39%。

（七）大力推动低碳电力技术创新

推动新型储能技术跨越式发展。开展电化学储能系统高效集成应用示范，集中攻关高能量比、高安全性和超高循环寿命的储能技术。促进低碳化发电技术广泛应用。促进风电、光伏发电、水电、核电、火电等领域低碳化发电技术广泛应用。实施智能电网技术迭代升级。加快电网先进技术应用，积极推动以智能电网技术为基础的智慧能源互联网技术应用。加大前瞻性降碳脱碳技术创新力度。全面推动氢能技术创新，研发高效低能耗的碳捕集工艺和碳循环利用技术。

（八）推动全国碳市场与电力市场协同发展

完善全国碳市场交易体系，分阶段引入 CCER、碳汇等交易产品进入全国碳市场，持续推进电力市场建设，完善辅助服务市场机制，推进绿证市场建设，做好可再生能源电力消纳保障机制、绿证制和电力现货市场的衔接工作。

四、保障措施

（一）加大非化石能源产业发展政策支持力度

加大金融支持力度，有效推动补贴确权贷款政策的落地实施，发挥“绿证”（绿色电力证书）的环境价值属性，弥补可再生能源发电企业的利息分担，在有条件的地方和企业结合实际先行开展试点，探索解决新能源补贴拖欠问题的新思路和新方法，总结各试点好的经验和做法，并积极向全国推广，促进去补贴后风电和光伏发电等行业健康有序发展。

结合增值税改革进展，对水电行业继续实行增值税优惠政策，将水电行业利息支出、移民支出等纳入抵扣试点，降低水电行业税负。对位于“三区三州”等深度贫困区的在建水电给予财政补贴、税收优惠、利率优惠等支持政策。

给予核电企业融资政策支持，推动核电专项建设基金、乏燃料处置基金征收后置，维持现有核电标杆价格政策，保障核电优先上网，提高利用效率，对核电参与电力市场现货交易给予政策支持。

（二）推动形成科学合理的电价机制

高度重视能源电力低碳转型成本上涨问题，提前研究成本疏导机制，以市场化手段解决成本增加问题。积极探索容量补偿机制，保障新能源高效消纳和科学利用。适度拉大峰谷电价价差，削减尖峰负荷。逐步取消或合理归位与基金附加相关的特殊政策，还原电力商品属性。

（三）实施财税金融投资引导

加大财税政策支持，完善多元投融资渠道，积极发展绿色金融，激励金融机构拓展低碳电力技术装备推广的融资方式和配套金融服务，加强重点领域电能替代价格引导，吸引市场资本参与电力碳减排。探索建立清洁能源输电线路投资创新机制，鼓励各类市场主体多元化投资清洁能源输电通道及清洁能源发电项配套电网工程。

（四）加大关键技术研发投入支持力度

制定修订新一轮中长期能源科技发展规划，进一步加强低碳前沿技术创新的财政资金投入和优惠力度，提高研发经费投入产出效率。突出企业创新主体地位，制定和落实鼓励企业技术创新的各项政策，引导企业加大研发力度，支持依托电力企业建设绿色低碳创新中心，实施新型储能、氢能，碳捕集、利用与封存等关键技术研发与重大示范工程。

（五）推动“双碳”目标电力行业任务落地实施

加强组织协调，深化多路径选择对比论证，明确分地区电力碳排放达峰主要目标、路线图、施工图，分解落实目标任务，明确进度安排和目标考核机制，精心组织实施，避免“运动式减碳”。中央企业充分发挥市场主体作用，积极稳妥推进低碳电力项目建设。

（中电联电力发展研究院张琳、韩超、高长征）

碳达峰碳中和背景下
水泥行业低碳发展路径的经验与启示

北京国建联信认证中心有限公司

我国自2020年提出力争“2030碳达峰、2060碳中和”这一目标，使得“碳减排”成为各行业与企业发展道路上无法回避的任务与挑战。2021年，中共中央、国务院联合发布《关于完整准确全面贯彻新发展理念做好碳达峰碳中和工作的意见》，国务院出台《2030年前碳达峰行动方案》，自此，我国碳达峰碳中和1+N的政策体系脉络已然清晰。

水泥是支撑基础设施建设与人居环境改善的重要原材料工业，也是工业领域内二氧化碳排放的重要来源，其碳减排工作将对建材行业乃至工业领域的减排进程带来显著影响。中国建筑材料联合会在2021年初率先发出了《推进建筑材料行业碳达峰、碳中和行动倡议书》，提出建材行业2025年、水泥行业2023年率先达峰的愿景。在这一背景下，如何以实际行动践行低碳发展路径，将成为“十四五”时期水泥企业所面临的重大挑战。

一、水泥行业低碳发展的重要性与国际经验

（一）水泥是建材行业实现碳达峰，走向碳中和的关键领域

建材行业2020年碳排放总量约24亿吨，是工业领域碳排放的重要来源之一，水泥行业的碳排放达到13.6亿吨左右，占建材行业碳排放的比重约54%，约占全国总排放的12%。

水泥生产的碳排放主要由化石燃料燃烧排放、碳酸盐分解过程排放以及电力使用的间接排放所构成。从2020年水泥行业13.6亿吨碳排放总量构成来看，化石燃料燃烧排放量为4.36亿吨左右，碳酸盐分解过程排放量为8.28亿吨，电力使用的间接排放量为1亿吨，过程排放是水泥行业碳排放的最主要来源，占到总排放量的61%（图1）。按排放强度折算，2020年水泥总产量约23.8亿吨，全行业水泥平均碳排放强度0.57（吨二氧化碳 / 吨水泥）。水泥行业的碳减排一方面需要考虑碳排放绝对量的降低，这主要决定于市场对于水泥需求量的变化；另一方面则是对于行业的碳排放强度降低的预期，主要取决于未来低碳技术、低碳产品的发展。水泥生产碳排放来源占比见图1。

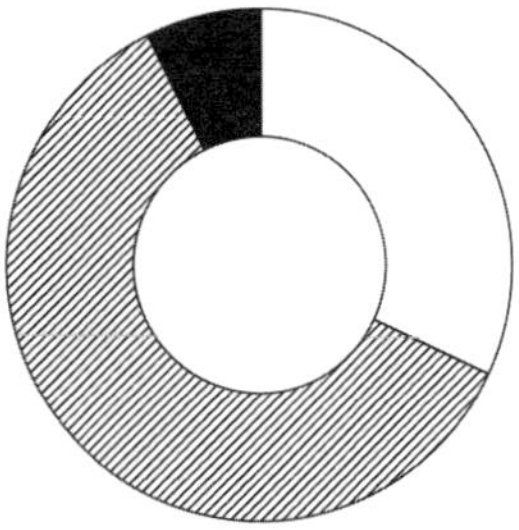

图1 水泥生产碳排放来源占比

（二）水泥行业低碳发展的国际经验

国际上围绕水泥行业的低碳发展路径已经有很多成熟的讨论。欧洲是最早提出碳中和概念的地区，欧盟委员会于2019提出到2050年欧洲在全球范围内率先实现碳中和。而早在2013年欧洲水泥协会（CEMBUREAU）即制定了水泥行业碳中和路线图，设定了2030年二氧化碳减排40%，2050年二氧化碳减排80%的目标，2018年进一步提出熟料—水泥—混凝土—建筑—再碳化的全生命周期碳减排策略。国际能源署（IEA）在 2018 年 4 月份发布《技术路线图：水泥行业的低碳转型》，以控制全球温度上升作为设定情景，规划了水泥行业的减排路线图。通过对国外相关策略的分析与总结，可以大致将其经验归纳为以下几点：

（1）全球范围内的水泥产量不会因为相应碳目标的制定而产生明显波动，因此，减排目标的实现无论是针对《巴黎协定》（较工业化前水平）还是针对“零碳”情景，主要贡献需要通过有效降低水泥生产的碳排放强度来实现。

（2）替代燃料的开发与利用是实现水泥排放强度快速下降的有效途径，在碳中和情景下，高比例燃料替代是必要举措。

（3）碳酸盐分解带来的工艺过程排放是较难实现有效减排的，按 IEA 的测算，2℃温升情景下（较工业化前水平）水泥生产的过程排放强度需要控制在 0.24（千克二氧化碳 / 吨水泥）之内。

（4）水泥行业的碳中和路径中需要充分考虑价值链的减排作用，通过有效措施降低水泥在混凝土以及建筑使用阶段的排放强度。

（5）碳捕集、利用与封存技术（CCUS）将是碳中和过程中重要的兜底技术。

二、水泥企业碳减排的重点与难点

（一）降低能源消费是碳减排的重点

化石燃料燃烧以及电力使用所造成的排放均与能源消费高度相关，其排放量约占水泥生产总排放的 40%。能源使用所造成的碳排放减排途径较多，企业普遍采取的节能措施包括能源使用强度降低、能效提升、能源结构调整等，均会对这部分碳排放产生积极影响。未来的深度减排则需要包括替代燃料开发、能源行业“脱碳”等行动予以支持。

（二）改善资源消耗是碳减排的难点

石灰石是生产水泥的主要原料，产生的过程排放是水泥生产中占比最高的一类碳排放来源，约占到排放量的 60%。高温热处理造成的碳酸盐分解是很多无机非金属材料产品生产过程中不可避免的排放来源，又以水泥生产过程的排放量最高。由于此部分排放是由原材料、生产工艺所决定，因此减排难度大、成本高。

从资源获取的维度看，我国石灰石矿资源丰富，据自然资源部 2019 年发布的《中国矿产资源报告 2019》，截至 2018 年全国水泥用石灰岩储量 1432.37 亿吨，同比 2017 年增加 4.5%。国内各大型水泥企业集团基本以自有石灰石矿山为主要原料来源，虽然资源储量丰富，不过由于矿山开采对自然环境的破坏明显，很多地区已经出台了严格的矿山资源保护政策，同时对于已开发的矿山进行绿色矿山建设。随着国家对采矿许可的审批日趋严格，预计未来石灰石资源将是水泥生产成本的一大决定性因素，相当一部分企业将由于资源的难以获得而失去竞争力。国内主要水泥企业石灰石自供比例及储量见图 2。

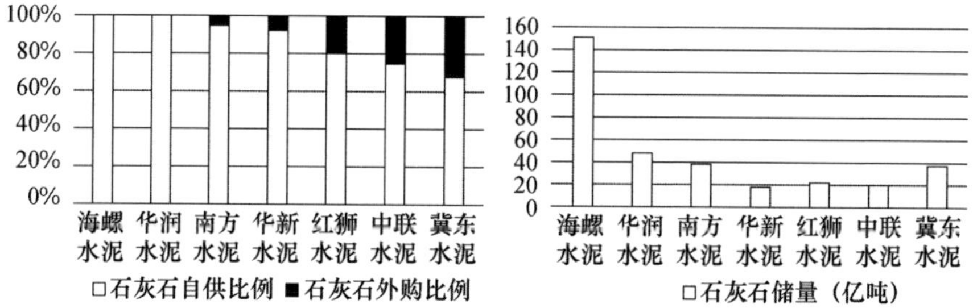

图 2 国内主要水泥企业石灰石自供比例及储量

从碳减排的维度看，减少石灰石使用是有利于过程排放的直接降低的，现阶段有成熟应用且具备减排效果的手段主要是通过利用电石渣［主要成分 $Ca(OH)_2$］等工业固废替代原有原料中的石灰石（主要成分 CaO）提供水泥熟料烧成所需钙质原料。不过由于此类替代原料的使用通常需要配合上游化工等产业的生产运行，同时也对企业本身工艺、原料配料等提出较高要求，所以较难进行大范围的推广。目前，国内约有 20 条使用电石渣生产水泥的生产线。此外，通过生产低碳水泥（CaO 含量小于 55%，且部分来源于 $CaSO_4$）替代现行通用水泥（CaO 含量大于 60%，且均来源于 $CaCO_3$）也是水泥行业降低过程排放的主要研究方向，不过目前低碳水泥的开发和应用尚未形成规模，较难作为现阶段的主流减排手段予以推广。

三、碳达峰碳中和背景下水泥行业低碳发展路径的探讨

（一）规划市场导向的产能结构调整政策体系

从水泥行业低碳发展的国内外差异上来看，国外发达国家基本已处于或度过碳排放达峰期，水泥产量与经济发展基本实现脱钩，需求总量相对平稳，因此国际经验上均以降低单位产品排放强度为重点；而国内水泥行业当前重点则在首先解决产能过剩问题，还有相当部分省份的水泥产能处于快速增长阶段，我们需要考虑利用政策工具有效控制产能规模，提高产能利用率，降低排放总量。在碳达峰阶段，碳排放的总量直接与产能产量挂钩，实现压低达峰的“峰值”，化解过剩产能是行业的首要任务。

“十三五”期间，《国务院办公厅关于促进建材工业稳增长调结构增效益的指导意见》（国办发〔2016〕34 号）作为纲领性文件，推动水泥行业供给侧结构性改革、转型升级和健康发展。产能置换和错峰生产成为压减过剩产能的两大政策抓手。不过，基于近几年行业整体产

能增长趋势来看，总体上产能过剩的局面仍未彻底扭转。2020年熟料设计产能18.27亿吨，实际运营能力超过20亿吨。2020年，熟料实际产能15.79亿吨，按照实际运营能力的产能利用率约77.5%，相比2015年行业平均66.9%的产能利用率水平已经有了大幅提高，不过尚未达到高利用率水平。

2021年工业和信息化部印发修订后的《水泥玻璃行业产能置换实施办法》，进一步加严置换比例，大气污染防治重点区域水泥熟料产能置换比例不低于2∶1；非重点区域不低于1.5∶1；同时，对于湖北、云南、贵州、四川、安徽五省新建水泥窑生产线处置磷（钛、氟）石膏，且替代石灰石原料70%以上的，可有条件实施等量置换。发展改革委在2021年印发的《"十四五"循环经济发展规划》中也提到，到2025年大宗固废综合利用率要达到60%，建筑垃圾综合利用率达到60%；有序推进水泥窑等系统协同处置城市废弃物；拓宽粉煤灰、煤矸石、冶金渣、副产石膏、建筑垃圾等大宗固废利用渠道。可以看出，近年出台的相关政策中这两个关键提法较为明确地将压减产能和提升原料替代比例做了有效衔接，从政策上鼓励了有效实现碳减排的企业。

（二）建立完善的碳排放核算体系

核算方法是碳达峰碳中和工作的基础，只有保持一致的核算方法与核算范围，遵守同样的规则，才能对国内外同类型行业、企业的排放量进行对比，相应的数据才存在实际意义。

早在20世纪90年代，世界可持续发展工商理事会（WBCSD）与世界资源研究所（WRI）即提出了较完善的温室气体核算方法学体系，将温室气体的排放划分为直接排放和间接排放两个类型，并利用"范围"的概念对不同类型排放来源进行了相对清晰的划分，见表1。

表 1　温室气体排放来源的划分

范围	排放来源	排放类型
范围一	生产电力、热力或蒸汽。固定排放源的燃料燃烧，如锅炉、熔炉和涡轮机。 物理或化学工艺。化学品和原料的生产或加工，例如生产水泥、铝、乙二酸、氨以及废物处理。 运输原料、产品、废弃物。公司拥有（控制）的运输工具燃烧排放源（如卡车、火车、轮船、飞机、公交和轿车）。 无组织排放。有意或无意的泄漏，例如设备的接缝、密封件、包装和垫圈的泄漏，煤矿矿井和通风装置排放的甲烷，使用冷藏和空调设备过程中产生的氢氟碳化物（HFC）排放，以及天然气运输过程中的甲烷泄漏	直接排放
范围二	拥有或控制的设备或运营消耗的外购电力、热力所产生的排放	间接排放
范围三	外购原料与燃料的开采和生产、相关的运输活动、范围二之外与电力有关的活动、租赁资产、特许和外包活动、使用售出的产品和服务、废弃物处理	间接排放

继 WRI 的核算方法体系出台后，国际标准化组织（ISO）制定 ISO 14064 系列标准化文件，用以指导温室气体核算工作，其中引用了直接排放、间接排放、基准线等概念。ISO 14064-1、ISO 14064-2 等标准也是现行国际通用的温室气体核算标准。

目前，国内水泥行业对温室气体核算方法主要包括《温室气体排放核算与报告要求 第 8 部分：水泥生产企业》（GB/T 32151.8—2015）以及《中国水泥生产行业温室气体排放核算方法与报告指南》等文件，基本延续了 WBCSD 给出的《水泥行业二氧化碳和能源议定书》相关内容以及 ISO 系列标准的方法学理论。对排放类型分为直接排放和间接排放两类，基本不使用“范围”的概念，核算方法中也较少涉及表1“范围三”的相关指标。

表1“范围三”的碳排放体现了全生命周期碳足迹的理念，是企业在研究碳减排路径、实现碳中和过程中重要的组成部分。因此，制定完善的碳足迹量化标准、规范水泥企业全生命周期碳排放的核算是碳达峰碳中和背景下水泥行业亟须推进的基础性工作。

（三）制订分区域、分阶段的行业碳减排目标

当前水泥行业的碳达峰趋势从区域上看，各省发展较不均衡，清华大学相关研究对各省水泥行业达峰情况进行了研判，如表2所示。

表2　各省水泥行业达峰情况

达峰阶段	峰值年份	省份（直辖市、自治区）
已达峰下降(早期达峰)	2006年	北京、天津、上海、浙江
达峰平台（中期达峰）	2012年	河北、内蒙古、辽宁、吉林、黑龙江、山东、四川、新疆
初步达峰（晚期达峰）	2014年	江苏、河南、湖南、海南、陕西、青海
快速增长	—	山西、安徽、福建、江西、湖北、广东、广西、重庆、贵州、云南、甘肃、宁夏

由表2可以看出，我国尚有12个省份的水泥行业碳排放处在快速增长阶段，主要集中在西部地区。如何有效协调这些省份的经济发展与产能限制将是对决策者的考验。不久前中央环保督察第二轮第三批工作结果明确指出：辽宁、安徽、江西、云南等省份对“两高”项目监管不力，甚至违规推动“两高”项目建设现象普遍存在；河南、湖南、广西、山西等省份则存在控制“两高”态度不坚决或上马“两高”项

目冲动强烈的问题。由此可以看出，中西部地区在政策层面还需要有更坚定的态度贯彻碳达峰碳中和要求，水泥行业需要制订分区域的达峰计划。

碳达峰碳中和是一个长期过程，为了避免“运动式”减碳，保证企业与行业的健康发展，不同阶段我们需要有科学合理的措施与目标。从“十四五”到“十五五”前期，是水泥行业碳排放量达峰的平台期。这一时期行业总体碳排放量下降趋势不明显，主要以供给侧的产能、产量控制为主要控制手段。产业结构调整结合能源结构的调整，将有效抑制发展高耗能产业的冲动，有效实现节能减排，再加上技术进步、节能管理、文化理念等举措的提升，是碳达峰平台期的主要控排手段。

依靠新的低碳技术、低碳产品的出现结合碳捕集、利用与封存等兜底技术来最终实现中和目标则是行业中远期发展的目标。企业不应操之过急，为自身发展带来额外压力。

（北京国建联信认证中心有限公司总经理武庆涛）

建筑领域碳达峰碳中和实施路径

中国建筑节能协会建筑能耗与碳排放数据专委会

实现碳达峰碳中和，是着力解决资源环境约束突出问题、实现中华民族永续发展的必然选择，是构建人类命运共同体的庄严承诺。2021年中共中央、国务院发布《关于完整准确全面贯彻新发展理念做好碳达峰碳中和工作的意见》，国务院印发《2030年前碳达峰行动方案》，对"双碳"工作做出了顶层设计。建筑作为终端能源消费的三大部门之一，是温室气体排放的重要来源，科学制定建筑碳达峰碳中和实施路径对国家"双碳"目标实现具有重要意义。

一、建筑碳排放核算边界及方法

（一）核算边界

核算边界指存量建筑运行阶段由采暖、空调、照明、炊事热水和各类家用电器或办公设备等能源消费带来的碳排放，包括化石能源的直接排放和电力、热力的间接排放。

（二）核算方法

1. 基本测算公式

建筑碳排放 = 各类能源消耗量 × 对应能源的排放因子

建筑碳排放包括公共建筑、城镇居住建筑和农村居住建筑三大类。

2. 化石能源消费量和碳排放因子

依据生态环境部发布的《省级二氧化碳排放达峰行动方案编制指南》（以下简称《指南》）中的能源平衡表拆分方法，测算建筑各类化石能源消耗，具体方法如下：

公共建筑：对应能源平衡表[①]“四（5）批发、零售业和住宿、餐饮业”和“四（5）其他”中的煤合计、油合计和天然气消费量，其中油品需扣除 98% 的汽油。

城镇居住建筑：对应能源平衡表“四（7）居民生活—城镇”中的煤合计、油合计和天然气消费量，其中油品需扣除 99% 的汽油、95% 的柴油。

农村居住建筑：对应能源平衡表“四(7)居民生活—乡村”的煤合计、油合计和天然气消费量，其中油品需扣除 99% 的汽油、95% 的柴油。

化石能源排放因子采用生态环境部《指南》给出的数据：煤炭为 2.66tCO_2/tce，油品为 1.73tCO_2/tce，天然气为 1.56tCO_2/tce。

3. 电力消费量和碳排放因子

公共建筑：对应能源平衡表“四（5）批发、零售业和住宿、餐饮业”和“四（5）其他”中的电力消费量，并加上“四（4）交通运输、仓储和邮政业”中的建筑用电。

城镇居住建筑：对应能源平衡表“四（7）居民生活—城镇”中的电力消费量。

农村居住建筑：对应能源平衡表“四（7）居民生活—乡村”电力消费量。

电力碳排放系数基于全国能源平衡表测算，具体公式如下：

---

① 能源平衡表是《中国能源统计年鉴》中的一张表格，下文中诸如“四（5）批发、零售业和住宿、餐饮业”等，均摘自此表。

电力碳排放系数=火力发电碳排放量/(火力发电量+可再生能源发电量)

4. 热力消费量和碳排放因子

北方城镇集中供热能耗依据《中国统计年鉴》“城市概况”中“分地区城市集中供热情况表”计算得到。

热力碳排放系数基于能源平衡表计算得到，具体计算公式如下：

热力碳排放系数＝供热各类能源碳排放总量/热力生产总量

二、建筑碳排放现状与变化趋势

（一）2019年全国建筑碳排放

2019年全国建筑运行阶段碳排放为21.3亿吨CO_2，占全国能源消费总量的21.6%。其中公共建筑碳排放8.45亿吨CO_2，占比39.7%，单位面积（m^2）碳排放62.16kg CO_2；城镇居住建筑碳排放8.72亿吨CO_2，占比41.0%，单位面积（m^2）碳排放25.88kgCO_2；农村居住建筑碳排放4.12亿吨CO_2，占比29.3%，单位面积（m^2）碳排放16.25kg CO_2，见图1。

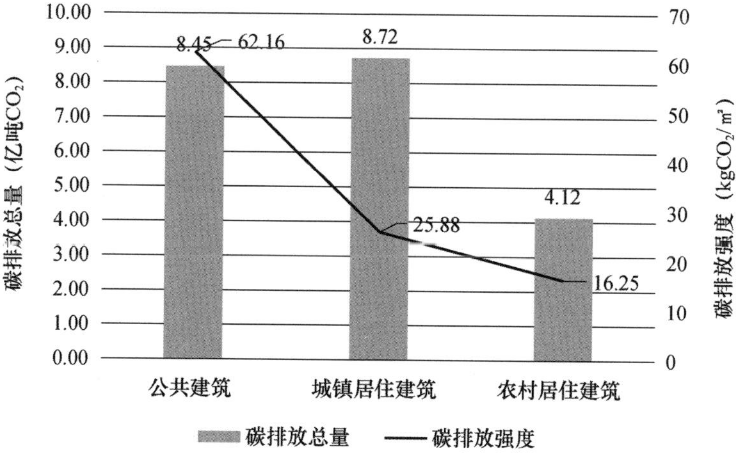

图1　2019年全国分类型建筑碳排放总量与碳排放强度

（二）建筑碳排放变化趋势

建筑运行阶段能耗与碳排放占建筑全寿命周期能耗与碳排放份额较大，各年分别维持在47%和45%左右，处于线性增长的状态。建筑运行阶段能耗从2005年4.8亿吨标准煤增长至2019年10.3亿吨标准煤，年平均增长率为5.62%。建筑运行阶段碳排放从2005年10.91亿吨CO_2增长至2019年21.3亿吨CO_2，年平均增长率为4.90%，小于能耗年平均增速率，表明建筑运行阶段能源相关的碳排放因子降低，全国建筑能源结构逐渐优化，见图2。

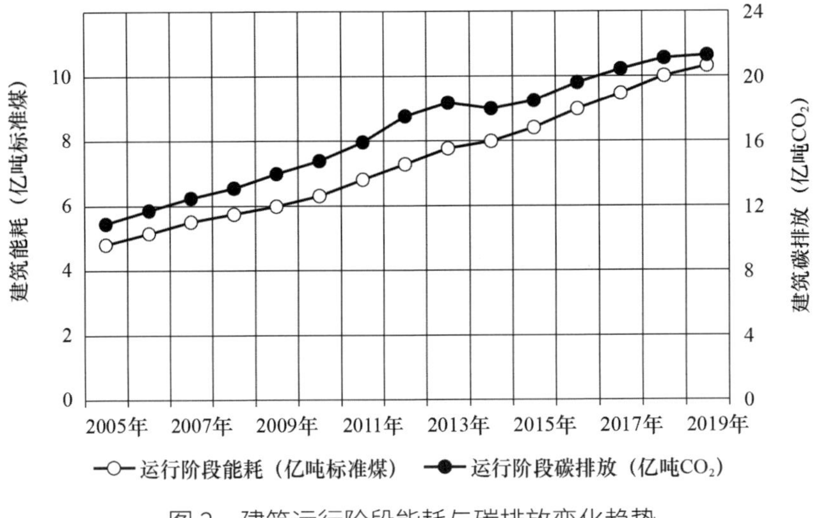

图2　建筑运行阶段能耗与碳排放变化趋势

建筑运行阶段碳排放总体上呈现上升趋势，但增速明显放缓，年均增速从“十一五”期间的6.26%，下降到“十三五”期间的3.59%。其中建筑直接碳排放在2017年后呈现下降趋势，建筑电力碳排放近些年仍维持在8%的增速，热力碳排放近些年增速约为3%，见图3。

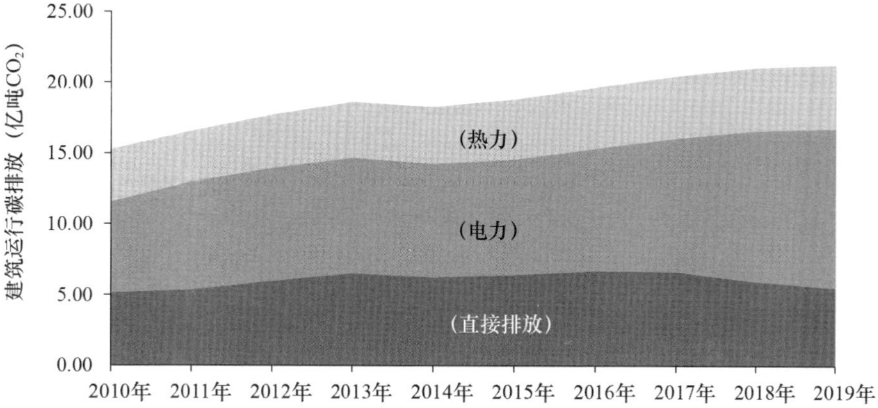

图 3　建筑运行阶段碳排放变化趋势

从建筑运行阶段碳排放构成看，建筑直接碳排放占比在 2010—2017 年维持在 34% 左右，在 2019 年下降到 26%；电力碳排放则从 42% 上升到 53%；热力碳排放比例维持在 21%～24%，见图 4。

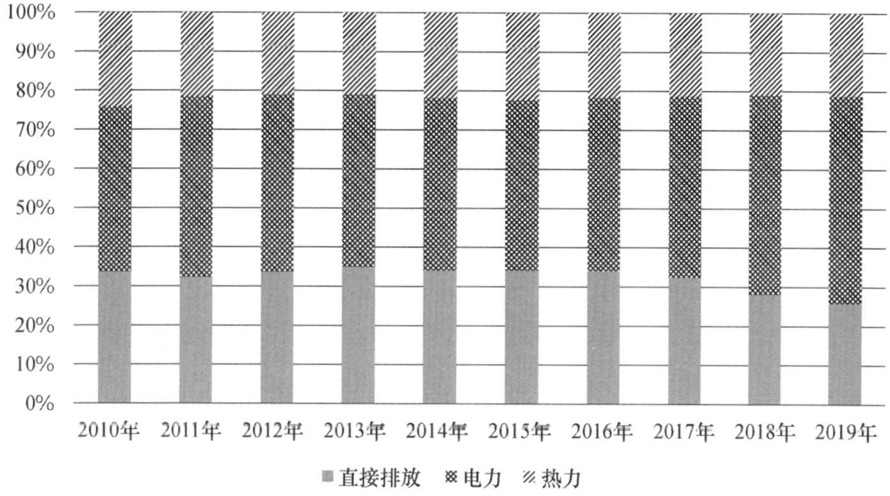

图 4　建筑运行阶段碳排放构成

三、建筑碳达峰碳中和情景预测

将建筑碳减排措施分成四个基本类型：建筑节能，建筑产能（可再生能源建筑应用），建筑电气化和电力部门脱碳，CCUS 技术。以此为基础设置了五大情景：基准情景、节能情景、产能情景、脱碳情景和中和情景，情景预测结果见图 5。

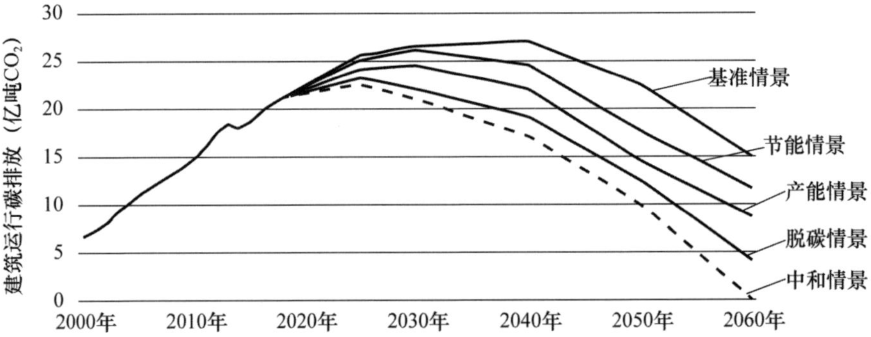

图 5　2060 中国建筑运行碳排放情景分析

在基准情景下，我国建筑运行阶段碳排放将于 2040 年达峰，碳排放峰值约为 27.01 亿吨 CO_2，达峰时间严重落后于我国 2030 年前碳排放达峰目标，到 2060 年仍将有 15 亿吨 CO_2，将严重制约我国碳中和目标的实现。因此，建筑部门应该以更积极的态度、更先进的技术手段和强制性的政策措施，加速达峰时间，消减达峰峰值，助推我国碳达峰碳中和目标的实现。

与基准情景相比，到 2060 年不同技术措施可实现减排量分别为：建筑节能 3.3 亿吨 CO_2，建筑产能 2.99 亿吨 CO_2，建筑电气化与电力部门脱碳 4.5 亿吨 CO_2，CCUS 技术 4.2 亿吨 CO_2，见图 6。

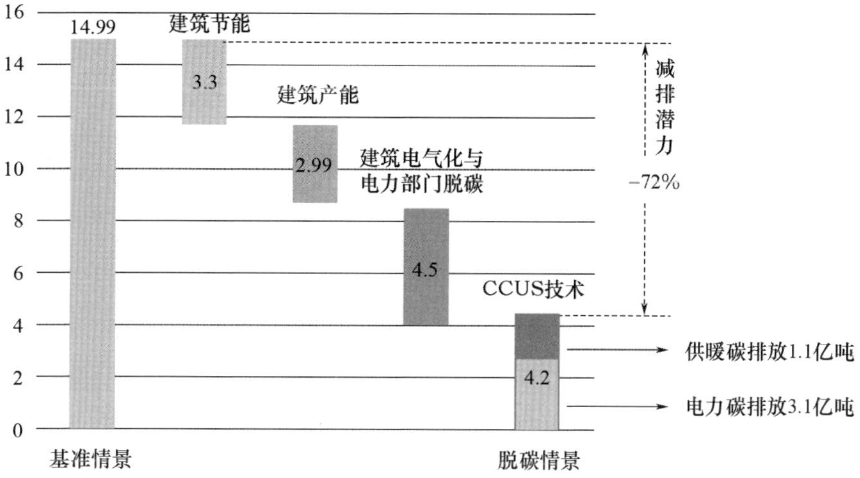

图 6　相比基准情景到 2060 年不同技术措施的减排潜力（单位：亿吨 CO_2）

在节能情景下建筑运行碳排放可在 2030 年达峰，峰值为 26.08 亿吨 CO_2，如果以此作为达峰目标，可以反推出“十四五”期间我国建筑能耗与碳排放总量控制目标：到 2050 年，我国建筑碳排放总量应控制在 25 亿吨 CO_2，年均增速不超过 1.50%；建筑能耗总量应控制在 12 亿吨标准煤，年均增速不超过 2.20%。

四、建筑碳达峰碳中和实施路径

（一）构建全过程低碳建造体系

从建筑全寿命周期视角出发，构建涵盖建筑设计、施工、运行和拆除全过程低碳化路径。

1. 建筑设计减碳化

推行被动式建筑设计，通过合理的规划布局、建筑设计和环境配置，适应并利用地区气候条件，充分利用自然采光与通风，最大限度降低建筑照明、采暖及空调负荷。发展低碳建筑结构体系，推广钢结构建筑轻量化设计，探索可替代循环材料在建筑中的应用，降低建筑单位平方米材料的碳排放强度。推广百年住宅建筑标准，提升建筑安全耐久性标准，满足建筑支撑体耐久性和建筑填充体可维护可更换性，达到建筑长寿性能要求，避免由于建筑结构、功能设计落后原因导致的建筑短命现象。

2. 建筑施工绿色化

推动智能建造、建筑工业化和绿色施工协同发展，利用 BIM 虚拟施工、建筑工业化等技术提高施工效率，减少失误和过程损耗，避免工程返工，有效减少材料损耗。加快新能源机械设备的创新研发，扩大其在施工企业的应用比例，逐步替代高排放和高噪声的柴油机械设备，实现施工设备的能源清洁化。

3. 建筑运行低碳化

依靠物联网、大数据、人工智能等数字化技术对建筑能源、环境和使用者需求进行智慧调节，实现建筑低碳运行。推动既有建筑节能改造，提升建筑运行能效。探索公共建筑能耗限额制度，倒逼公建业主提高运行管理水平。

4. 建筑拆除资源化

通过合理的建筑设计和新型建造方式，推进建筑垃圾源头减量工作，推行建筑垃圾现场分类制度。建立完善建筑垃圾再生产品相关标准体系，鼓励建筑垃圾再生产用于路基填充、房屋建设、市政基础设施建设等。

（二）实施全领域的重点工程

1. 能源利用高效化

（1）新建建筑能效提升工程。加强建筑设计、施工管理，严格执行建筑节能强制性标准。提高新建建筑围护结构热工性能，提高建筑体型系数、窗墙比以及窗、墙、屋面传热系数要求。推动农村建筑节能标准实施，提升农村建筑能源利用效率和室内环境舒适度。开展超低能耗建筑、近零能耗建筑示范，研究零排放建筑技术体系。

（2）城市绿色有机更新工程。采用合同能源管理、PPP 模式、绿色金融等市场化手段，推动公共建筑节能改造。在老旧小区改造中探索将建筑节能改造作为基础类改造内容，形成与小区公共环境整治、基础设施和建筑功能提升改造统筹推进节能宜居综合改造模式。

（3）绿色建筑品质提升工程。全面执行相关绿色建筑标准，提高政府投资公益性建筑、大型公共建筑、重点功能区内新建建筑中星级绿色建筑建设比例；发展绿色建材，提高绿色建筑使用绿色建材的比例；鼓励绿色农房建设；完善住宅相关标准，提高建筑健康性能指标。

2. 能源结构低碳化

（1）可再生能源建筑应用工程。大力实施太阳能光伏屋顶计划，推动太阳能热水系统和光伏发电系统在中低层住宅、酒店、学校、医院建筑中的普及。大力推广地源热泵、污水源热泵、空气源热泵等区域集中供冷供热技术，应对日益增长的采暖需求。大力发展农村沼气，推动农村能源清洁化利用工程。

（2）建筑电气化工程。充分发挥电力在建筑终端消费的清洁性、可获得性和便利性优势，建立以电力消费为核心的建筑能源消费体系，提高建筑用能清洁电力消费比例。研究建筑内直流供电及柔性用电技术，开发基于电力大数据技术的公共建筑能耗监测、智能诊断与需求侧响应技术。

（3）低碳供暖工程。继续推进北方地区清洁供暖工程，淘汰散煤供暖。推广工业余热集中供暖，发展空气源热泵供暖，探索核电、氢能等零碳供暖技术。

3. 建成环境绿色化

（1）建筑立体绿化工程。因地制宜，开展建筑屋顶绿化、立体绿化。统筹布局可再生能源与屋顶绿化，加强屋顶绿化和可再生能源设施一体化设计，合理配置屋顶固碳植物。鼓励采用屋顶绿化、垂直绿化等生态节能手段加强既有建筑立面改造。提高居住小区绿地比例，利用坡地、洼地等不良地形进行绿化建设，鼓励种植具有防风、降噪、可调节小气候的本地植物。充分利用各种边角土地和空间发展棚架绿化、悬挂绿化、檐口绿化、装饰绿化等立体绿化，发展口袋公园。合理增加城市绿地面积，科学优化城市绿地布局，推进公园绿地、街道绿地、道路绿地建设，合理配置绿化树种，提高城市绿地固碳释氧能力。

（2）建筑材料固碳工程。建筑材料固碳指的是发展具有固碳能力的建材，包括以 CO_2 作为生产原料的建材，或者能够吸附 CO_2 的建材。

（三）完善全要素支撑体系

1. 制度支撑

建筑领域碳达峰碳中和政策制度体系的顶层设计是实现我国建筑节能减排与绿色建筑发展的重要支撑。政策方面，不断完善覆盖建筑工程全过程的建筑节能与绿色建筑配套政策，落实法律法规确定的各项规定和要求，明确面向 2060 年我国建筑领域碳中和的能效提升与碳减排路径；机制方面，探索我国建筑绿色低碳发展的市场化机制，研究制定不同类型建筑的碳排放限额与超额加价管理机制，构建我国区域碳交易的实施机制，鼓励绿色金融支持建筑节能减排投融资机制、公共建筑市场化机制、既有居住建筑改造机制等；管理方面，建立建筑设计、施工、验收、运行、拆除全过程的闭合管理系统，构建适应于我国建筑领域碳达峰碳中和目标的绩效考评体系，实现对全过程建筑能耗与碳排放数据动态核定与监督。

2. **技术支撑**

建筑节能减碳技术是实现我国建筑领域碳中和的重要动力。一是应依托国家重大科技和项目研发，集中攻关建筑低碳关键技术与产品，加快成熟技术和集成技术的工程化推广应用。二是结合气候特点、区域特色、资金配置等关键因素，提出相应的设计、施工、验收、检测、评价、运行、改造维护等标准制修订清单，构建我国建筑节能及低碳发展标准体系，并鼓励构建高于国家标准水平的地方标准与团体标准。三是在协同发展区域内建设建筑节能标准领跑城市，树立不同气候区的能效提升标杆，推动超低能耗建筑、近零能耗建筑规模化发展，鼓励开展零能耗建筑、产能建筑建设试点。对大型公共建筑、政府投资公共建筑项目，探索开展建筑节能设计方案专项评估制度。

3. **产业支撑**

一方面，促进新技术、新产品的标准化、工程化、产业化，加速建筑节能减排与绿色建筑科技创新成果的转化，推进“产、学、研、用”相结合的协同发展创新平台建设。同时，围绕建筑低碳节能技术、高效光伏、智能柔性用电、储能技术、直流电、绿色建材与装配式等重点领域，培育建筑低碳服务产业，促进建筑节能减排与绿色建筑相关咨询、科研、规划、设计、施工、检测、评价、运行维护企业和机构的发展。另一方面，引导企业开发建筑节能减排与绿色建筑产品，培育适应高品质绿色建筑、超低能耗、可再生能源应用等领域发展的相关全产业链，促进产业供给侧的技术升级和结构调整。开展建筑节能与绿色建筑产业集聚示范区建设，推进产业链整体发展与升级。

4. **资金支撑**

一方面，加大财政支持力度，制定税收优惠政策，试点贷款贴息、政府担保、财政补助补贴及奖励、税收减免、加计扣除等方式，调动开发商和业主采购绿色产品、应用绿色技术的积极性。另一方面，鼓励金融机构设计覆盖建筑建设、运营、销售全过程的绿色金融产品。此外，开展建筑领域用能权、碳排放权交易试点，推广合同能源管理模式，完善建筑碳交易制度，运用市场机制，调动社会各界积极性。

5. **数据支撑**

数据信息是标准制定、技术评价、节能工作考核的重要依据，在碳达峰碳中和的大背景下，研究建立碳达峰碳中和统计、监测平台，有助于实现建筑能耗及碳排放的“可监测、可报告、可考核”。一是构建完整的数据指标体系；二是建立各部门相协调的建筑用电力、热力、燃气、煤炭等数据共享机制和协同机制，研究建立碳排放数据统计、监测与共享平台；三是研究数据应用和公示制度，提高建筑能耗及碳排放数据的透明度，深化大数据关联分析、融合利用，实现城市及建筑用能和碳排放的智慧化管理。

6. **能力支撑**

对于政府与专业机构，加强相关政府部门、第三方检测、节能审核评价及建筑能耗测评机构能力建设，发挥现有的节能监管及建筑能效测评体系作用；对于从业人员，鼓励高等学校增设建筑节能与绿色建筑相关课程，将相关知识纳入继续教育重点内容，加大建筑规划、设计、施工、运行全过程中相关从业人员的建筑低碳政策、技术与标准培训，培养专业化人才队伍；对于全社会，开展形式多样的建筑节能与绿色建筑宣传活动，积极倡导简约适度、绿色低碳的生活方式，动员社会各方力量参与建筑领域碳达峰行动。

（中国建筑节能协会建筑能耗与碳排放数据专委会蔡伟光）

以固废资源化高效利用推动建材工业“双碳”经济发展

中国硅酸盐学会固废与生态材料分会

近年来，随着我国国民经济的快速发展，尾矿、冶炼渣、煤矸石、粉煤灰、工业副产石膏等大宗固体废弃物的产量迅猛增加并大量堆存，带来了土地、资源、环境、安全等一系列问题。提高大宗工业固体废弃物的资源利用水平已经成为缓解资源约束，减少废弃物排放、减轻环境污染的必然选择和有效手段。大宗工业固体废物综合利用是节能环保战略性新兴产业的重要组成部分，是为工业又好又快发展提供资源保障的重要途径，也是解决大宗工业固体废物不当处置与堆存所带来的环境污染和安全隐患的治本之策。大宗工业固体废物综合利用是当前实现工业转型升级的重要举措，更是确保我国工业可持续发展的一项长远的战略方针。

2021年10月国务院发布的《2030年前碳达峰行动方案》指出，加强大宗固废综合利用，提高矿产资源综合开发利用水平和综合利用率，以煤矸石、粉煤灰、尾矿、共伴生矿、冶炼渣、工业副产石膏、建筑垃圾、农作物秸秆等大宗固废为重点，支持大掺量、规模化、高值化利用，鼓励应用于替代原生非金属矿、砂石等资源。在确保安全环保前提下，探索将磷石膏应用于土壤改良、井下充填、路基修筑等。推动建筑垃圾资源化利用，推广废弃路面材料原地再生利用。加快推进秸秆高值化利用，完善收储运体系，严格禁烧管控。加快大宗固废综合利用示范建设。到2025年，大宗固废年利用量达到40亿吨左右；到2030年，年利用量达到45亿吨左右。《2030年前碳达峰行动方案》的出炉，为建材行业绿色转型发展提出了要求。作为“双碳”工作重点行业，固废资源化高效利用是推动建材行业绿色发展的有效手段。

为了综合利用资源、提高资源利用效益、保护环境、保障经济和社会的可持续发展、推动建材行业完成“双碳”目标，我国采取的主要措施如下：

（1）加强产能置换监管，加快低效产能退出，严禁新增水泥熟料、平板玻璃产能，引导建材行业向轻型化、集约化、制品化转型。

（2）推动水泥错峰生产常态化，合理缩短水泥熟料装置运转时间。

（3）鼓励建材企业使用粉煤灰、工业废渣、尾矿渣等作为原料或水泥混合材。

（4）加快推进绿色建材产品认证和应用推广，加强新型胶凝材料、低碳混凝土、木竹建材等低碳建材产品研发应用。

（5）推广节能技术设备，开展能源管理体系建设，实现节能增效。

我国固体废物产生量2020年已达100多亿吨，其中以餐厨垃圾、秸秆、畜禽粪便等为代表的有机固废，年产生量约60亿吨；以尾矿、粉煤灰、煤矸石、冶炼废渣、炉渣和脱硫石膏为代表的大宗工业固废，年产生量约25亿吨；以废旧元器件、塑料、金属等为代表的可再生资源，年产生量超过3亿吨；还有高污染风险的工业危险废物，产生量约4000万吨。目前，我国尚有60亿吨存量大宗固废缺乏经济合理的处置利用途径，且仍以末端处置的填埋和低标准资源化利用为主，大量占地堆存。固体废物在处理处置过程中，会排放出二氧化碳、甲烷、氧化亚氮等温室气体，不同国家的固体废物对温室气体的贡献率在2%～3.5%。而且，其中含有的复杂毒害物易引发水、土、气等介质复合污染。

为顺利实现碳达峰碳中和目标，国际上除了关注碳强度较高的工业和交通行业的碳排放量外，也将目光投向了固体废物的碳减排，以期通过各种方式降低其碳排放量。欧盟通过努力实现了废弃物领域的温室气体排放总量从1990年的2.4亿吨下降到2019年的1.35亿吨，降幅高达43.8%。其中，固体废弃物处理减少量占废弃物领域总体减排量的86%。

此外，需要强调的是，在碳达峰碳中和背景下，我国新兴行业蓬勃发展，新兴固废产生量也呈现暴发式增长。到2035年，我国每年将产生超百万吨级的废弃光伏组件、风机叶片和动力电池等。但是新兴固废含多种稀有贵重金属资源，比如铟、镓等，若不能妥善处理，将严重污染水、气、土等环境介质，呈现出兼具资源化和环境危害的双重禀赋。

由此可见，我国固体废物处理处置必须严格遵循低碳生态理念，强化“源头减量化、过程资源化和末端无害化”的全过程控制技术路线。

因此，积极推广使用先进工业固体废物综合利用、再生资源回收利用技术装备，发挥科技创新支撑引领作用，加快工业固体废物资源化特别是建材化利用，可充分发挥固废综合利用对减污降碳目标实现的协同作用。

一、尾矿

尾矿是选矿过程中的附属产物。随着矿产资源种类、数量和使用范围越来越广，尾矿产生量和种类也逐年增加。我国年产生各类尾矿10亿吨以上的，如2020年全国尾矿总产量为12.95亿吨，但综合利用率仅为34.05%。与粉煤灰77.62%、冶金渣73.48%相比，是综合利用率极低的一种大宗工业固体废弃物，因此尾矿资源综合利用率的大幅提升迫在眉睫。2020年，我国产生铁尾矿5.397亿吨，铜尾矿3.35亿吨，黄金尾矿1.88亿吨，其他金属尾矿1.23亿吨，非金属尾矿1.10亿吨。

目前尾矿综合利用主要集中在有价组分回收、矿山井下充填、生产建筑用砂、建筑材料和3D打印等，尾矿的利用价值极具复杂性，能将规模效应、经济效应和环境效应得到良好展示的最好途径是建材领域，尤其是新型建材和利废新材料。《工业绿色发展规划（2016—2020年）》和《促进绿色建材生产和应用行动方案》等文件明确支持利用尾矿等废弃物生产建材，进一步促进尾矿综合利用率的提高。

尾矿的资源特征与传统建材所用原材料要求基本相近，以硅、铝、钙和镁氧化物为主，少量碱金属、铁、硫氧化物等的化学组成，可以整体利用生产建筑材料。目前尾矿资源化建材利用方面主要有水泥、墙体材料、混凝土、微晶玻璃、建筑陶瓷等，同时也是尾矿减量化、规模化消纳的主要途径。研究结果表明，尾矿可以取代混凝土中的骨料，或者替代水泥等胶凝材料，在掺量或取代率适宜的情况下，尾矿混凝土各项指标满足标准要求。部分学者采用稀土尾矿、花岗岩尾矿、高岭土尾矿、温石棉尾矿、钽铌尾矿等进行尾矿微晶玻璃生产可行性研究，所制成的微晶玻璃性能基本满足相关国家标准要求。

二、粉煤灰

粉煤灰是从电厂燃煤烟气中收捕的细灰，又称飞灰，主要化学成分为SiO_2、Al_2O_3、Fe_2O_3、CaO和残碳，具多孔结构和火山灰活性。2020年，我国燃煤电厂产生粉煤灰约6.48亿吨，较2019年产生量的6.4亿吨略有增长。我国粉煤灰的综合利用量为5.03亿吨，综合利用率为77.62%。我国因区域发展不平衡，粉煤灰堆存主要集中在宁夏回族自治区、内蒙古自治区和新疆维吾尔自治区等西部地区。

目前，我国粉煤灰在建材、陶瓷和农业等行业已有广泛应用。国外粉煤灰有 20% 以上被用于建材生产，在国内此比例超过 60%。根据粉煤灰中游离氧化钙含量的高低可将其分类：高于 10% 为 C 类粉煤灰，低于 10% 为 F 类粉煤灰。C 类粉煤灰兼具水硬性与火山灰性能，可以作为水泥等胶凝材料的混合材料；而 F 类粉煤灰仅具火山灰性能，通常用于混凝土掺料，可替代部分水泥。近年来，很多研究者着眼于用粉煤灰制备粉煤灰基地聚物，一种可以取代普通混凝土的高强建材，为粉煤灰在建材行业的利用拓展了新的方向。截至目前，粉煤灰基地聚物在我国未能大规模商业化利用，主要存在的问题为：一方面是对其动力学、热力学等反应机理、鉴别中间体以及 Si—O—Al 结构的聚合等认识需要进一步深入；另一方面来自不同燃煤电厂的粉煤灰粒度和化学成分波动较大，在地聚物反应机理尚未明确的情况下，粉煤灰多变的性质对反应过程的影响十分复杂，可控性和稳定性需要进一步提升。

粉煤灰中富含 Si、Al、Fe 和 Ca 等元素，与黏土和长石等陶瓷原料的化学组成相似，且粉煤灰的粒径更细，可省去破碎和研磨等工序，是优良的陶瓷原料。相关研究表明，粉煤灰可以改善陶瓷的性能，加之粉煤灰本身成本较低，使得粉煤灰陶瓷具有可观的环保和经济效益。粉煤灰作为一种优质的活性掺合材料，具有碳化性、胶凝性、体积稳定性、耐久性良好的优点，合理地利用粉煤灰对于保证能源工业的可持续发展，节能减排，实现工业的可持续发展具有非常重要的作用。粉煤灰在建筑材料中的综合利用较早，利用的方式和途径主要集中在以下几方面。

（1）在混凝土中掺入适量的粉煤灰，充分利用粉煤灰的化学特性和价格便宜的特点，不仅能节约水泥用量，减少二氧化碳的排放，节约砂用量，还可提高混凝土的耐腐蚀性能和耐热性能。同时，利用粉煤灰的火山灰效应可以实现混凝土水化热的降低，提高混凝土的施工质量。粉煤灰能填充到混凝土结构中的毛细管和孔隙之中改善了混凝土的孔结构，提高抗渗性；粉煤灰的合理掺入不仅可以改善混凝土的强度、性能和使用寿命，同时由于水泥用量的减少，还可以节约能源降低工程造价。

（2）利用粉煤灰和石灰生产质量轻、隔热保温效果好、抗渗透能力强、物理性能稳定和强度高的蒸压粉煤灰砖，也可以用固化剂与粉煤灰制备衬砌材料，增强墙体的抗冻性能和防渗性能，实现粉煤灰的再利用。

（3）粉煤灰与相变材料熔融,可获得化学性能稳定的复合相变材料，实验证明这种新型的相变材料既能满足建筑节能的要求，又能实现废弃物的高效利用。

三、煤矸石

煤矸石是与煤伴生的灰分高、发热量低的碳质岩，是无机质和少量有机质组成的混合物。煤矸石的物理化学性能是评价煤矸石活性、决定其利用技术途径的重要指标。2020 年我国原煤产量为 39.02 亿吨，产生煤矸石约为 7.02 亿吨，综合利用率为 72.2%，相较 2019 年的 69.52% 的利用率略有提升。2020 年获得授权的 162 项专利中，以煤矸石制备建材和原料为主，占比为 72.4%。

煤矸石中综合利用以生产建筑材料为主要利用途径之一，其中包括大量使用煤矸石制砖、烧水泥、制备陶粒、制备水泥和混凝土的掺和料以及制备混凝土膨胀剂等。建材化利用方式处理煤矸石量大，技术含量较高，符合循环经济和可持续发展的要求，日益受到广泛的关注和重视。利用煤矸石生产建筑材料主要在于利用其化学成分 SiO_2 和 Al_2O_3，它是一种铝硅酸盐类的材料，在成分上与黏土矿物相类似，可以替代黏土制砖、烧水泥、烧陶粒等，同时煅烧煤矸石由于经历了高温脱水和相变过程，性能得到活化，可以制备水泥和混凝土的活性掺料和作为混凝土膨胀剂的原料。又由于煤矸石本身具有一定热值，在烧水泥、制砖和烧陶粒时，可以节省一部分燃料。煤矸石无熟料水泥是以煅烧煤矸石为主要原料，掺入少量石灰石膏磨细制成的水硬性胶凝材料，有时也掺入少量熟料作激发剂。生产这种水泥方法简单，投资少、收效快、成本低、规模可大可小。强度等级能达到 32.5 水泥的强度，经蒸汽养护的抗压强度可达 40MPa 以上。煤矸石少熟料水泥也是以煤矸石为主要原料制成，但用熟料代替石灰作为主要原料之一。它与无熟料水泥相比，具有凝结快、早期强度高、劳动条件好、省去蒸汽养护、简化工艺等特点，强度等级可达 42.5 水泥的强度。

四、冶金渣

2020 年，全国综合利用冶金渣 5.06 亿吨综合利用率 73.84%。我国有色冶炼渣可用作水泥生产的掺和料，制备免烧砖、铸石新型墙材、砌块、路基材料、井下充填材料等。2020 年我国共产生有色冶炼渣 7300 万吨，综合利用 6700 万吨，综合利用率比较高达到了 92%。

钢渣存在安定性差、易磨性差、密度大、活性低等特点，其综合利用最为棘手。国内钢渣一般利用方式为钢渣选铁、路基填料、钢渣微粉、机制砂、混凝土掺和料等，但由于安全隐患的原因导致市场认可率不高，2020 年钢渣综合利用率为 40%，未来还有进一步利用的空间。

电解锰渣中可溶性硫酸盐、氨氮、锰离子浓度及砷、汞、硒等浓度较高，需要进行无害化处理后再利用。目前，电解锰渣的主要处理方式是堆存和填埋，综合利用率不足10%。近年来，电解锰渣的综合利用的研究比较多，涉及到建材领域的应用有生产水泥、活性微粉、商品混凝土骨料、新型墙体、制备免烧砖、烧结砖和陶瓷砖等。2021年10月，宁夏天元锰业集团50万吨/年锰渣脱硫烟气制硫酸项目点火成功，成为国内首个锰渣脱硫烟气制硫酸项目，为锰渣综合利用提供了新的示范。脱硫后的锰渣用于制备马路砖、商品混凝土骨料和墙体材料等建材。

五、工业副产石膏

2020年，我国工业副产石膏总产生量为2.30亿吨，较2019年增长了1.9%。其中，脱硫石膏产生量为1.17亿吨，占比50.9%；磷石膏产生量为0.72亿吨，占比31%；钛石膏产生量为0.21亿吨，占比9.1%；其他的氟石膏、柠檬酸石膏、芒硝石膏和盐石膏等产生量约为0.2亿吨，占比9%。2020年工业副产石膏利用量为1.29亿吨，综合利用率为56.15%，较2019年的50.88%的利用率有较大的提高。

伴随着科技的不断进步，石膏基建材的生产工艺技术的也不断提高，工业副产石膏的产量与质量不断增长。通过深加工的各种改性石膏在建筑施工领域上的应用日趋普及与广泛，不仅限于建筑墙体面层饰面工程，而且已延伸至建筑工程的更深层次。现在的应用区域不仅只是以往北方地区，而且在南方地区也颇受青睐。石膏砂浆作为新型绿色环保建筑材料，其以石膏为基材具有良好的和易性、保水性、黏结性，浆料水化充分，善于与不同的基层材料牢固黏结，物理性能可同水泥基砂浆相媲美，况且可操作性高于水泥基砂浆。当前，国内利用副产石膏生产的石膏基砂浆应用于建筑施工领域的以抹灰石膏砂浆、地平石膏砂浆、高强石膏砂浆居多。

在后疫情时代，国家明确“内循环为主、外循环为辅”、通过内需的动力，而不靠外力拉动经济增长。同时，我国城市化进程的加快，发展建筑产业依然成为热点，随之对新型建材需求日益迫切，环保循环经济，资源综合利用举足轻重，动关大局。工业副产石膏产业临时崛起，势必给建筑施工中的各个领域，大量应用工业副产石膏带来契机，前景十分广阔。

六、赤泥

赤泥是制铝工业提炼氧化铝时排放出的一种固体废渣，因其含有大量的氧化铁，常为红色，故被称为赤泥。按生产方法可分为拜耳法赤泥、烧结法赤泥和联合法赤泥 3 种。每生产 1t 氧化铝将产生 1.0～1.8t 赤泥。我国是赤泥排放大国，2020 年赤泥产生量约为 1.06 亿吨，但赤泥利用率很低，2020 年的综合利用率仅为 7.05%，目前我国赤泥还是大多数采用筑坝堆存，需要进一步加强资源化利用。

由于赤泥中含有大量的 SiO_2 和 CaO 以及铝硅酸盐，具有较好的水硬活性，故可将其用于建筑行业，从国内外学者的研究和工业应用来看，其主要体现在制备水泥、砖和微晶玻璃方面。以赤泥为主要原料制备水泥或将其作为添加剂活化水泥，所得到的产品的抗压强度等性能均优于普通水泥。我国山东铝厂建成了综合利用赤泥的大型水泥厂，水泥原料中赤泥的用料比例为 20.0%～38.5%，每吨水泥可资源化利用 200～420kg 赤泥。

总之，加强大宗固废综合利用，提高矿产资源综合开发利用水平和综合利用率，以煤矸石、粉煤灰、尾矿、共伴生矿、冶炼渣、工业副产石膏、建筑垃圾、农作物秸秆等大宗固废为重点，支持大掺量、规模化、高值化利用，鼓励应用于替代原生非金属矿、砂石等资源。推进城乡建设绿色低碳转型，倡导绿色低碳规划设计理念，推广绿色低碳建材和绿色建造方式，是实现“双碳”战略目标的必由之路。

中国硅酸盐学会固废与生态材料分会是国内最大的固废综合利用学术与技术团体，在国内外已形成强大的学术影响力。2021 年 10 月 16 ～ 17 日，第四届中国固废处理与生态材料学术与技术交流会在武汉隆重召开，会议主题为“固废高效利用，减碳绿色发展”。在为期两天的日程中，大会进行了主旨报告以及内容涵盖煤基固废、建筑固废、冶金渣、工业副产石膏、尾矿与机制砂石、水泥混凝土可持续发展、危险固废、产学研协同发展、“大宗铝硅酸盐无机固废物相重构与转化利用科学基础”“大宗工业固废协同制备低成本胶凝材料及应用技术”等多个领域和方向的专题交流。本次大会汇聚了国内外 800 余位固废处理与生态材料领域的专家、学者和业界领导，共同就“推进大宗固废综合利用对提高资源利用效率、改善环境质量、促进碳达峰碳中和及经济社会发展全面绿色转型”等当前备受关注和亟待研究解决的重要问题进行了深入的交流。中国硅酸盐学会固废与生态材料分会将积极搭建交流协作平台，共同开展固废资源化基础理论研究和生产技术创新，合力培养高素质创新人才，推动固废处理、减碳降耗产学研深度合作，为固废资源化、生态文明建设和“双碳”目标实现作出应有的贡献。

（中国硅酸盐学会固废与生态材料分会理事长王栋民、副秘书长于立安）

主要发达国家超低能耗建筑发展的经验启示

北京市建设监理协会

为应对全球气候变化，近年来许多国家都在不断提高建筑物能效水平，推广超低能耗建筑。主要发达国家的目标有的已经实现，英国2019年公共建筑达到零碳，丹麦2020年后居住建筑全年冷热需求降低至20（kW · h）/m^2，德国2020年新建建筑达到近零能耗，韩国2025年居住建筑达到零碳，美国2030年达到近零能耗，日本规划2030达到近零能耗。

一、德国的被动式超低能耗建筑

被动式建筑的理念最早源于德国，20世纪80年代在低能耗建筑的基础上建立起来，最初是为了节省化石能源消耗、保护环境，同时提高居住品质。被动式超低能耗绿色建筑具有一定代表性，被动房是指适应气候特征和自然条件，通过保温隔热性能和气密性能更高的围护结构，采用高效热回收技术，最大程度地降低建筑供暖供冷需求，并充分利用可再生能源，以更少的能源消耗提供舒适室内环境并能满足绿色建筑基本要求。德国相关政策规定，被动房是指利用高效保温隔热、太阳能、建筑内部得热等被动技术和带有余热回收的新风装置，而不用主动采暖设备、实现建筑全年达到ISO 7730规范要求的室内舒适温度范围的建筑。被动房舒适度核心指标包括：室内温度20～26℃；围合房间各面的表面温度不低于室内温度3℃；空气相对湿度：40%～60%；

室内空气流速小于 0.2m/s，室内表面不能出现凝结水和长霉。被动房核心能耗指标包括：被动房的采暖能耗量不大于 15（kW · h）/（m^2 · a），一次能源总消耗量不大于 120（kW · h）/（m^2 · a）。

1991 年，世界第一栋依照被动房标准建造的公寓楼在德国黑森州达姆施塔特市建成。1996 年，菲斯特博士在德国达姆施塔特创建了被动房研究院（Passive House Institute，简称 PHI），该研究作为独立的科研学术机构，是被动式建筑研究领域的权威机构。同时，被动房研究院编制出版了被动房设计手册（Passive House Planning Package，简称 PHPP）、被动房计算软件、被动房评价认证标准、被动房部品认证标准。2000 年，德国建成了首个被动房小区，并以每年新增 3000 栋的速度增长。近年来，随着可再生能源技术的快速发展，被动房标准制定机构——德国被动房研究所于 2015 年 4 月推出了新的被动房级别，“被动房 +”和“白金版被动房”。2015 年年底在德国巴伐利亚州的考夫博伊伦新建的“能源之屋”成为了世界上首个获得“白金版被动房”认证的节能房屋。此后世界上第一栋被动房在安装了光伏发电系统后，被认证为“被动房 +”。

建筑能耗占德国能耗总量的 40% 左右，德国从 1977 年颁布第一部保温法规到 2012 年进一步修改建筑节能条例，共经历了六个节能阶段，建筑采暖能耗已由最初的 220（kW · h）/（m^2 · a）下降到 30（kW · h）/（m^2 · a）的水平（2014 年）。在过去 20 年里，通过一系列措施，德国新建建筑单位居住面积的采暖能耗降低了 40% 左右，在此基础上，到 2020 年和 2050 年，采暖能耗应分别再次降低 20% 和 80%。日本发生福岛核电站事故后，德国率先宣布放弃使用核能（占其能源总供应量的 40%），并于 2011 年提出了新的房屋节能目标：自 2019 年 1 月 1 日起，将政府办公建筑建成近零能耗房屋；自 2021 年 1 月 1 日起，将所有新建房屋建成近零能耗房屋；到2050年，所有房屋节约80%的一次能源。发展被动式房屋是德国实现上述目标的基础，可为德国节省近40%的社会终端能耗。在被动式房屋的基础上，德国还将进一步研究产能房屋（Energy Plus）。德国的低能耗建筑包括RAL认证体系下的低能耗建筑、被动房、3升房、KFW-70和KFW-55等几类，每个类型对应不同的标准，不同的标准又对应相应的低能耗建筑的认证体系。

德国《能源节约法》(EnEV)于2002年2月生效，它取代了以往的《供暖保护法》和《供暖设备法》，制定了新建建筑的能耗新标准，规范了锅炉等供暖设备的节能技术指标和建筑材料的保暖性能等。按照新法规，建筑的允许能耗要比2002年前的能耗水平下降30%左右。在实际操作中，对建筑能耗量化，采用建筑能耗证书系统；新建住宅必须出具“采暖能耗量”和“住宅能耗核心值”；出具建筑能耗计算表，计算建筑每年所需的能量。

2006年德国出台更为科学的《能源节约法》（2006节能新版），开始从整体考虑建筑外部的能源输入值。新规范要求2006年底，在1978年10月1日前安装的约200万个采暖锅炉必须报废，由新型节能锅炉取代。

2011年，德国提出节能目标：自2019年1月1日起，政府办公建筑将能为零能耗；自2021年1月1日起，所有新建建筑将建成零能耗；德国气候保护相关政策法规要求可再生资源发电量占比在2020年达到35%，2050达到80%。

德国以法律形式推行最新《节能法》（EnEG 2013）要求2021年起实施新建建筑达到“近零能耗建筑”、2025年所有存量建筑成为“近零能耗建筑”。德国2014版节能条例于2014年5月1日生效。新版节能条例在 2009 版节能条例的基础上，提高了建筑节能要求，分两步降低建筑一次性能源消耗量 25%。执行新版节能条例后，建筑采暖能耗约为 50（kW · h）/（m^2 · a），即德国新建建筑都必须达到低能耗建筑的标准。在很多欧洲国家，采用被动房方法改造旧屋能得到政府补贴，目前在德国这一补贴幅度占总花费的 15%～25%。德国政府设立专门的基金，如 KFW 基金，对改造工程提供资金上优惠；国家银行系统对符合节能标准的新建建筑提供低息贷款；政府利用税收政策推动建筑节能，适当提高汽油和建筑采暖用油的费率。

二、美国的绿色建筑

绿色建筑是指在全寿命周期内，节约资源、保护环境、减少污染、为人们提供健康、适用、高效的使用空间，最大限度地实现人与自然和谐共生的高质量建筑。美国绿色建筑运动起源于 20 世纪 70 年代的世界能源危机，1993 年美国绿色建筑协会（U.S Green Building Council）成立，是世界上最早推动绿色建筑的组织之一，其宗旨是整合建筑业各机构，推动绿色建筑和建筑的可持续发展，引导绿色建筑的市场机制，推广并教育建筑业主、建筑师、建造师的绿色实践。

美国 LEED（Leadership in Energy and Environmental Design）标准分为五大类，分别为：新建建筑设计及施工（LEED BD+C）、既有建筑运营及维护（LEED O+M）、室内装修设计及施工（LEED ID+C）、住宅建筑（LEED HOMES）、社区开发（LEED ND）。其中 LEED BD+C 又可细分出新建建筑（LEED NC）、核心与外壳（LEED CS）、学校、零售、数据中心等（图 1）。

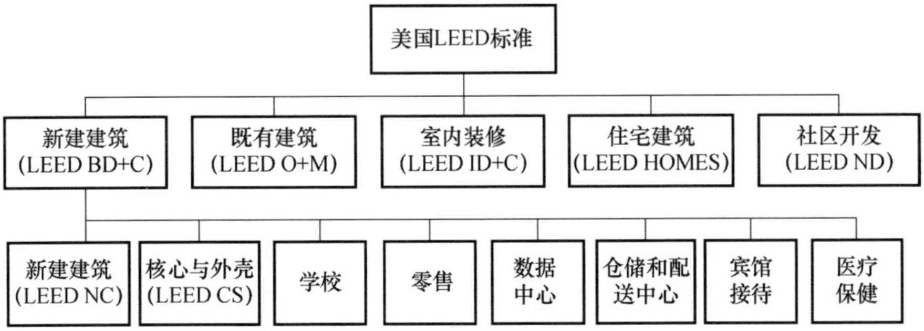

图 1　LEED 标准分类

美国 LEED 标准根据项目获得的分数将绿色建筑等级划分为：认证级、银级、金级、铂金级（表 1）。

表 1　美国 LEED 标准等级划分

评价等级	得分要求
认证级	40～49 分
银级	50～59 分
金级	60～79 分
铂金级	≥ 80 分

美国 LEED 评价指标体系对建筑物进行评估，是从“选址与交通”“可持续场地”“节水”“能源与大气”“材料与资源”“室内环境质量”“创新”“区域优先”8 个方面进行考察，含有 12 个先决条件（必须满足），43 个得分点，满分是 110 分。

美国另一个较有影响力的绿色建筑标准是 WELL 标准，是一个基于性能的评价系统，该系统测量、认证和监测空气、水、营养、光线、健康、舒适和精神等影响人类健康和福祉的建筑环境特征。其中先决条件（必须满足）41 条，优选项 61 项，合计 102 个条款。WELL 标准不设置总分数，而是通过判断满足的条款数量来划分等级（图 2）。

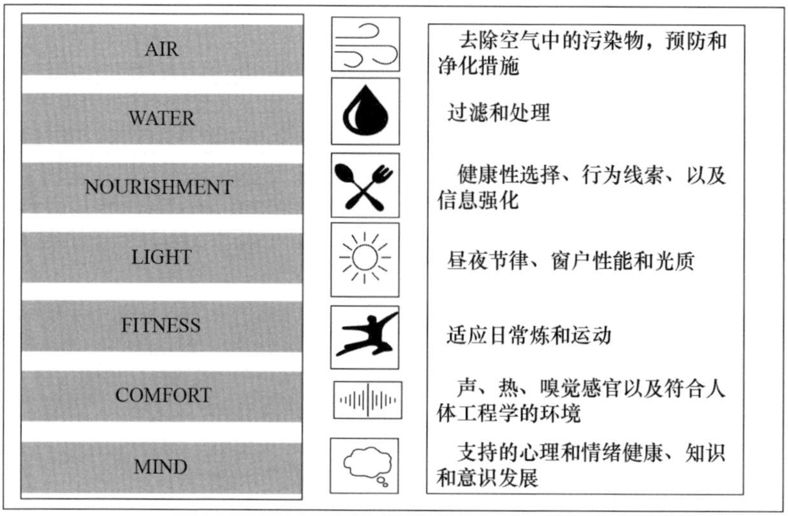

图 2　美国 WELL 标准分级描述

美国 WELL 建筑标准适用范围包括：新建和既有建筑、新建和既有建筑室内、核心与外壳(办公建筑领域)。此外 WELL 还推出试用标准，其适用建筑范围包括：多户住宅、教育、零售、饭店、商业厨房（图 3）。

WELL v1.0 于 2014 年 10 月发布，随后每年都在进行细微的调整更新。WELL v1.0 主要适用于商业和机构建筑，可应用于以下 3 种建筑工程项目类型：①新建建筑和既有建筑；②新建和既有的室内装修；③核心与外壳开发（即以后由租户自行完成二次装修）。

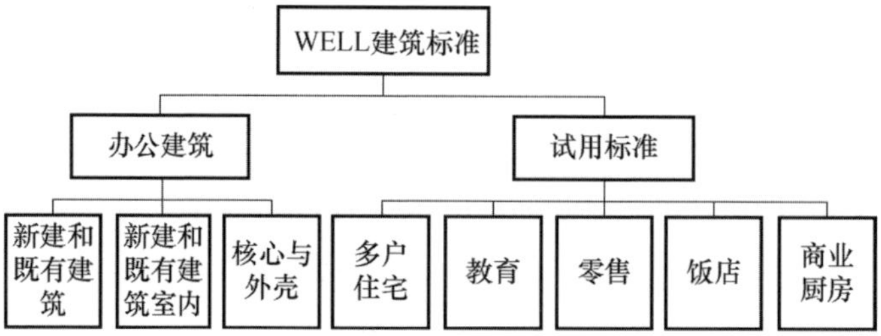

图 3　美国 WELL 建筑标准适用范围

美国 WELL 建筑标准评价是通过判断满足的条款数量来划分等级，分为：银级、金级、铂金级（表 2）。

表 2　美国 WELL 建筑标准评价等级

	评价等级	先决条件	优选条文
办公建筑	银级	全部满足	无要求
	金级	全部满足	满足优选条文总数的 40%
	铂金级	全部满足	满足优选条文总数的 80%
试用版标准	银级	全部满足	满足优选条文总数的 20%
	金级	全部满足	满足优选条文总数的 40%
	铂金级	全部满足	满足优选条文总数的 80%

美国 2009 年发布《美国联邦零能耗、高性能绿色建筑行政命令》，到 2020 年住宅建筑以实现近零能耗为导向设计，到 2030 年可实现新建住宅建筑达到零能耗目标。美国能源部，提出到 2030 年，所有新建公共建筑将按照近零能耗标准进行建造；到 2040 年，50% 的机油公共建筑达到近零能耗要求；到 2050 年，所有公共建筑达到零能耗。2015 年 3 月美国政府颁布“未来十年联邦可持续发展规划”（13693 号行政令），要求自 2020 年起，所有新建建筑须以零能耗建筑设计为导向，至 2030 年所有新建联邦建筑均实现零能耗目标。

三、丹麦的低能耗建筑

1956 年的苏伊士运河危机引起的油价上涨，令丹麦对能源供应安全产生担忧，因为丹麦当时在很大程度上依赖于能源进口。苏伊士运河危机导致丹麦在1961年的建筑规范中第一次提出了能源效率要求。1973年第一次石油危机以来，丹麦政府推出了一系列长中短期节能减排措施。长期措施是重新制定一个完整的丹麦能源供应体系；短期和中期措施包括开展节能宣传，征收能源消耗税和提出更严格的建筑节能要求。自1980年以来，丹麦经济增长了80%，但能源消耗总量基本维持不变。20世纪90年代以来，对全球变暖的担忧和对长期能源供应安全的渴求直接影响到丹麦的政策导向。目前，随着可再生能源供应比重的逐步提高，丹麦明确了未来能源发展的方向：到2050年，完全摆脱对化石燃料的依赖，温室气体排放要在1990年的水平上降低80%以上。

丹麦通过提出严格的建筑节能要求，加强对既有建筑改造，税收政策调控等政策措施，建筑能耗大幅下降。2013年3月，丹麦议会批准通过了《2012—2020年能源执政协议》。该协议提出了一揽子行动计划，旨在实现2050年“100%依靠可再生能源供应”的目标。其中2020年的主要预期目标为：第一，与1990年相比，温室气体排放减少34%；第二，可再生能源占终端能源消费总量的比重超过35%；第三，2020年前，新建建筑成为近零能耗建筑，主要依靠可再生能源；第四，从2013年起，新建建筑禁止使用石油和天然气采暖，区域供热区内的现有建筑自2016年起不得安装新的燃油锅炉。进一步推广热泵、太阳能和生物质的热利用。

丹麦于1961年制定了第一部建筑条例（BR），随后每版建筑条例不断提高对建筑节能的要求，尤其是BR08和BR10版。丹麦的2008年的建筑条例（BR08版）第7.2.4章首次对低能耗建筑有明确的规定。2006年丹麦为推动欧盟能效指令（EPBD2002/91/EC）在丹麦的实施，引入的低能耗建筑分级系统，将低能耗建筑分为两级，低能耗1级和低能耗建筑 2 级。低能耗建筑 2 级是低于 2006 年标准建筑能耗要求的 25%，目前已成为现行的丹麦 2010 版建筑条例的最低要求。低能耗建筑 1 级是低于 2006 年标准建筑能耗要求的 50%，成为丹麦 2015 版建筑条例的最低要求。丹麦 2020 年的建筑条例进一步提高建筑能效，将建筑能耗降低到 2006 年水平的 75%。2000 年丹麦引入了被动房的概念，被动房的认证是参考了德国被动房的标准和指标，丹麦的被动房研究所是德国被动房研究所的合作单位，负责对丹麦的被动房进行认证。

四、日本的零能耗建筑

1973 年第一次石油危机爆发之后，严重依赖石油进口的日本制定了新能源发展计划，从法规和技术方面对新能源和节能技术的发展提供双重保障；1979 年第二次石油危机爆发之后，日本经济产业省颁布了《节约能源法》，强调提高能源使用效率，推进建筑节能发展，经过几次修订，2002 年新建建筑节能首次纳入了该法案，2005 年的修订中加大了建筑节能的内容，并对住宅和改建建筑的节能申报提出了要求，2008 年《节约能源法》做了进一步修订。2006 年 5 月，日本经济产业省（Ministry of Economy，Trade and Industry，简称 METI）在修订的《节约能源法》中提出了“领跑者计划”，强调了家电产品的能效要求。2011 年日本经济产业省正式颁布了《节能技术战略 2011》，强调通过提高建筑主体维护结构性能，采用高效节能设备，逐步实现建筑零能耗和零排放。2011 年东日本大地震带来的核电危机，使得日本的能源供应雪上加霜，在此情形下，能源和资源的自给自足，能源安全问题提高到了日本国家安全层面。

2008 年日本经济对策内阁会议正式提出了零能耗建筑发展规划。

2009年5月日本经济产业省的“ZEB（Zero Energy Building）零能耗发展和实现研究会”（以下简称“ZEB研究会”）成立，标志着日本零能耗建筑正式进入起步阶段。在ZEB研究会的积极努力下，日本政府颁布了《能源基本计划》，制定了促进ZEB普及和推广相关政策，推动ZEB（零能耗建筑）的实现和普及。2011年日本大地震，核电停发造成电力供应不足，虽然政府采取了计划性停电、节约用电等一系列节能措施，但是日本能源供应严重依赖化石原料、原子能等带来能源潜在危机充分暴露出来。以可再生能源替代传统化石能源，通过能源自给，实现能源安全成为日本大地震之后，日本能源政策的一项重要举措，在该背景下加快推进发展零能耗建筑是日本建筑节能发展的必然趋势。平成24年(2012年),日本经济产业省资源能源厅颁布“住宅·建筑节能技术导入”政策，推进高性能设备在建筑中的应用，加快促进ZEB的实现。2012年，日本暖通空调卫生工程师学会（SHASE）制定了零能耗建筑实现路线图：即2030年之前确立ZEB化技术路径、2050年前制订“相关领域零能化的过渡时间表”，同年SHASH ZEB定义研讨小组成立。

日本（SHASE）和日本经济产业省（METI）分别从能源守恒和能耗使用的角度，针对零能耗建筑给出了不同的定义。2015年6月，SHASE从能耗供给和需求关系出发，定性和定量地对零能耗建筑进行了定义。①定性：零能耗建筑为在保障室内和室外环境品质的前提下，通过降低建筑自身负荷需求，充分利用自然光、自然通风等方式，采用高性能机电设备，大幅度减小建筑能耗，在此基础上通过可再生能源的利用，使得建筑运行能耗和建筑能源供给收支平衡或建筑能源供给量大于能源需求量。②定量：从能源利用的角度出发，零能耗建筑定义为建筑产能等于建筑最大耗能，建筑输入能源等于建筑输出能源。

其中室内环境需在 CASBEE 得分 3.0 以上。

在 SHASE 零能耗建筑定义的基础上，日本经济产业省（METI）于 2015 年 12 月确立了零能耗建筑的定义，从节能的角度出发，定性和定量地对零能耗建筑进行了定义，并对实现阶段进一步细化。

五、对我国超低能耗建筑发展的启示

我国的居住建筑从第一部建筑节能标准开始，经历了“三步节能”过程，新建供暖居住建筑在 1980—1981 年住宅通用设计能耗的基础上，于 1986 年、1995 年和 2005 年分别将建筑能效提高了 30%、50% 和 65%，目前已经进入第四步节能阶段即能效提高 75%，有的地区正在尝试更高效的节能要求。我国除了建筑节能的设计标准外，还有《绿色建筑评价标准》以推动绿色建筑在我国的发展。绿色建筑评价等同于欧洲的可持续建筑评价，其指标除能效评价外，还涉及节地、节材、节水等方面，体现了建筑与生态环保和资源节约的密切关系。但绿色建筑不一定就是超低能耗建筑，概念和内涵还有一定区别。

欧洲超低能耗建筑是能耗高于国家现行标准 30% 或 50% 以上的建筑，是国家未来的能效提升的目标，对于超低能耗建筑的能耗限值都有相应的规定，也是国家财政补贴的主要对象。我国住房城乡建设部每年评审全国范围低能耗建筑示范项目，其规定是在必须满足强制节能标准的基础上，对能耗控制有创新有突破，比当地现行节能设计标准的设计节能率再降低 5% 以上，但超低能耗建筑的标准体系、认证制度并没真正建立起来，对于室内环境、能耗限值没有相应的规定。针对超低能耗建筑的补贴和激励政策还不明确不统一，更关键的是缺乏实现超低能耗建筑的技术手段和产品，相关产业和施工工艺比较滞后。

我国借鉴发达国家的经验，通过试点示范项目尽快建立起超低能耗建筑标准体系、评价体系非常必要，同时也要充分考虑我国不同气候区域的特点，做适应性的调整，不能完全照搬其他国家的经验和数据。另外，设计标准是否达成、效果如何，必须建立相应的检验评价体系。超低能耗建筑标准体系的建立，以及与之相配套的评估体系的建立，将为我国建筑节能确立努力的目标，为建筑节能标准的逐步提高提供依据，进而带动建筑节能产业的升级换代，促进施工工艺的精细化革命，为“双碳”目标的实现作出贡献。

（北京市建设监理协会会长李伟）